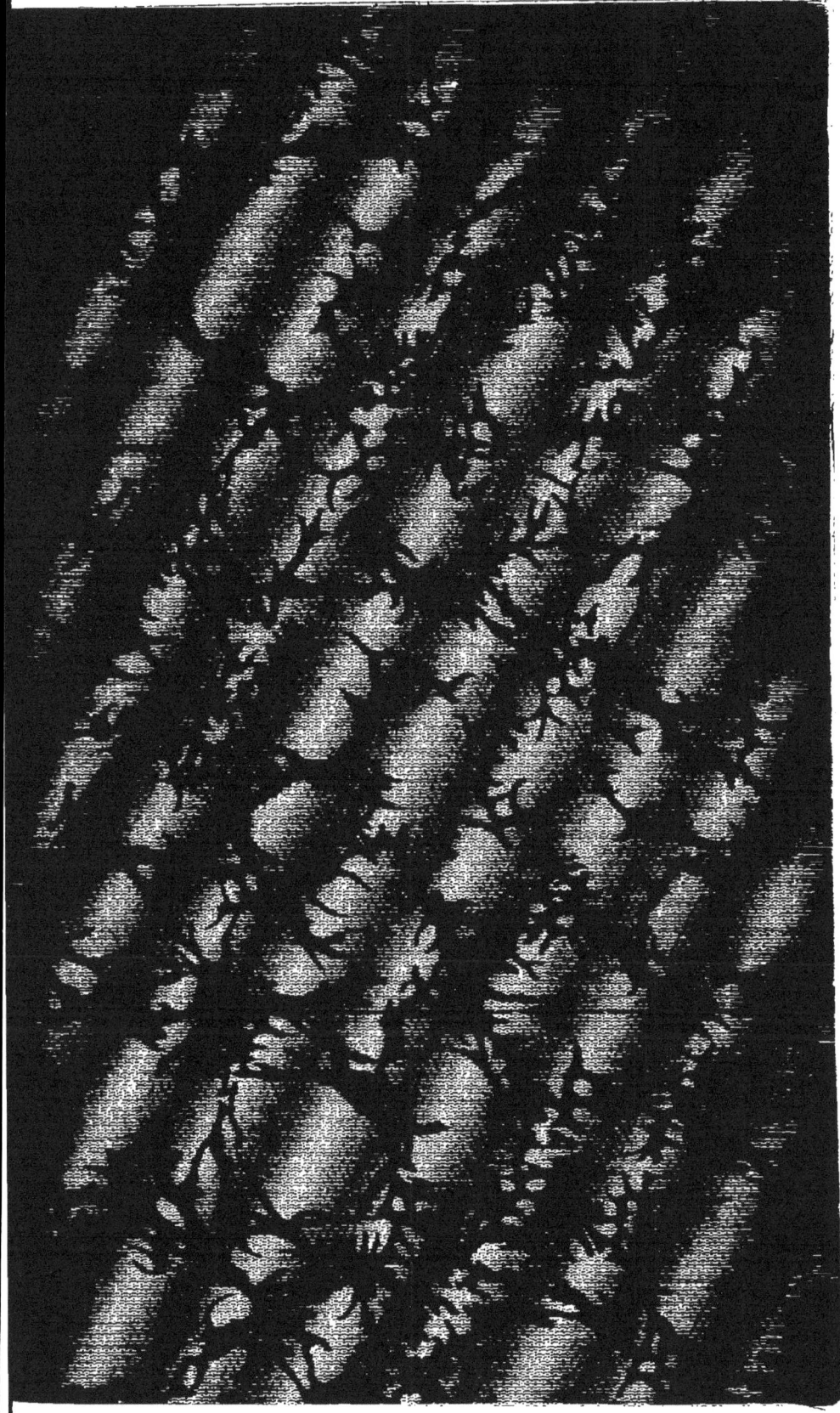

PAUL DUVAL-ARNOULD

Crapouillots

FEUILLETS D'UN CARNET DE GUERRE

LETTRE-PRÉFACE DE L. DUVAL-ARNOULD

Troisième édition

PARIS
LIBRAIRIE PLON
PLON-NOURRIT ET Cie, IMPRIMEURS-ÉDITEURS
8, RUE GARANCIÈRE — 6^e
—
1916
Tous droits réservés

Il a été tiré de cet ouvrage :

25 exemplaires sur papier pur fil des papeteries Lafuma, à Voiron, numérotés 1 à 25.

CRAPOUILLOTS

PAUL DUVAL-ARNOULD

CRAPOUILLOTS

FEUILLETS D'UN CARNET DE GUERRE

Lettre-Préface de L. DUVAL-ARNOULD

PARIS
LIBRAIRIE PLON
PLON-NOURRIT ET Cie, IMPRIMEURS-ÉDITEURS
8, RUE GARANCIÈRE
—
1916
Tous droits réservés

Droits de reproduction et de traduction réservés pour tous pays.

Copyright 1916 by Plon-Nourrit et C¹ᵉ.

A vous, mon cher Capitaine, qui avez si bien su, aux heures difficiles, vous montrer un excellent ami,

A toi, mon frère d'armes, dont le courage fait notre orgueil et fit si souvent notre vaillance,

A vous, mes amis, les crapouillots des deux batteries sœurs, mes braves camarades,

*Votre compagnon dédie ces lignes,
écrites avec vous.*

1915-1916.

PRÉFACE

Mon cher Fils,

Tu pouvais obtenir une préface d'un académicien ou d'un général, et sans doute ce patronage illustre eût été préférable pour te présenter au grand public, et forcer une attention que se disputent en ce moment tant de récits militaires. Mais tu t'es tourné vers moi, sous le joli prétexte que mes mortiers étaient les grands frères de tes crapouillots, et au fond, je pense, pour marquer que ces pages s'adressent avant tout à tes deux familles : à celle que forment tes camarades et tes soldats — et à celle qui t'attend, nombreuse déjà, à ton jeune foyer. Et tu as demandé au grand-père de tes enfants d'être aussi une manière de grand-père de ton premier livre.

Assurément, les convenances m'obligent à louer très discrètement l'auteur... dont je suis moi-même l'auteur. Mais le lecteur avisé sait ce que vaut l'aune de ces compliments obligés, et me saura gré de le laisser seul juge de son plaisir ; je l'intéresserai davantage si, en causant librement avec toi, je lui fais, — sans en avoir l'air, — sur les circonstances où est née ton œuvre, quelques confidences qui l'aideront à mieux te comprendre.

Tu te souviens de ce jour de l'hiver de 1914 où, par une rare bonne fortune, je me suis trouvé à ton cantonnement avec trois de mes fils. Seul d'entre nous, — seul d'ailleurs des hommes de « la maison », — Marc, le dernier-né, était encore civil; mais il venait précisément de franchir tous les barrages de la prévôté (tu as beau dire, le gendarme a quelquefois pitié), en expli-

quant qu'il venait me demander l'autorisation de s'engager pour ses dix-sept ans. François et toi, mon cher Paul, non contents d'appuyer sa requête, vous me disiez votre déception et votre peine d'être confinés l'un et l'autre dans des rôles de pourvoyeurs.

Tu me parlais de ce coin d'Ile-de-France où tu avais, si peu d'années avant la guerre, repris sur le sillon la charrue de nos aïeux paysans, de tes champs souillés d'abord par l'invasion, et maintenant encore labourés par les obus allemands : tu voulais de tes mains libérer notre terre. Tu me parlais encore de tes camarades d'enfance fauchés aux premières batailles, et surtout du cher et vaillant petit dragon, ton beau-frère Maurice, qui venait, par une admirable mort, de donner toute la mesure de sa « très haute valeur morale ». De tes mains, tu voulais le venger : tu voulais te battre !

Et sagement, je vous prêchais l'utilité de vos besognes ingrates, le droit, peut-être même le *devoir pour vous de rester à la place où, d'office, vous avaient mis les chefs; pour votre cadet, d'achever d'être un homme avant de devenir soldat...*

Mais voici qu'au milieu de ce beau discours, le canon se mit à gronder près de nous, dans la direction de Saint-Mihiel, — et je me tus : ma vieille fibre d'artilleur avait vibré à cette grande voix, vibré à l'unisson de votre ardente jeunesse. En un instant, j'avais revécu mes vingt ans, l'arrivée au régiment avec les Chants du Soldat *dans ma poche et, dans le cœur, l'espoir de réaliser avec ceux de mon âge les réparations nécessaires; puis, quand j'avais cru ce rêve à jamais déçu, les luttes de la vie publique où j'avais du meilleur de mes forces travaillé à empêcher du moins un nouvel abaissement de la Patrie et à entretenir, d'une génération à l'autre, l'étincelle sacrée...*

Hé quoi? aurais-je pensé et agi autrement que vous si j'avais eu votre âge en 1870? Aurais-je jamais pardonné à mon propre père si, le pays menacé et envahi, il m'avait empêché ou seulement déconseillé d'aller au feu?

... Et vous avez marché au canon, tous les trois — ou plutôt tous les cinq, car vos frères, Raymond et Remy, dans leurs lointaines garnisons de « bleus », avaient entendu aussi l'appel des armes et, dès qu'ils le purent, réclamaient le front...

Et, ma foi, j'ai fait comme vous.

Bientôt, de ta section de munitions, tu passais comme volontaire aux crapouillots, *— en langue vulgaire : à l'artillerie de tranchée. C'était alors une nouveauté, d'ailleurs un peu moyenâgeuse dans ses origines, comme notre bourguignotte et quelques autres inventions de cette guerre. Car tes canons ont, en somme, à peu près la portée de ceux que Jeanne d'Arc, au dire de son historien militaire, excellait à employer et aimait à placer elle-même. Tu corrigeras tout à l'heure, pour tes lecteurs, ce que* *ma comparaison, si honorable soit-elle, a, tout de même, d'un peu simpliste. Tu sais d'ailleurs que je les ai plus d'une fois enviés, tes petits crapouillots, en dépit de mon affection pour mes « gros chiens » de mortiers; car leur faible portée n'enlève rien à leur efficacité; elle fait de leurs servants des combattants de la vraie première ligne, qui voient l'ennemi de leurs propres yeux, tandis que nous autres, « lourds », nous ne voyons d'ordinaire l'objectif que par les yeux de l'avion.*

Tes récits sont, à défaut d'autre mérite, pleins de vie, et je suis sûr qu'ils intéresseront.

Mais te croira-t-on?

Au front, oui : on vous connaît, ici, pour vous avoir vus à l'œuvre.

Mais à l'arrière? Tu trouveras, je pense, quelques sceptiques. C'est que les exploits que tu racontes ne sont pas ordinaires, même dans cette guerre qui nous a habitués aux actions d'éclat.

PRÉFACE

Tu ne te figures pas, je pense, qu'il suffise, pour authentiquer les aventures de Bruno et de ses camarades, que tu aies consciencieusement reproduit leur langage souvent... savoureux. Nul ne s'exprime plus militairement et plus vertement que le poilu de l'intérieur, et c'est, affirment les permissionnaires, sur le Boulevard et même sur la Cannebière que se parle le plus purement (si l'on peut dire) l'idiome dit de tranchées.

Je compte davantage sur l'impression de sincérité qui se dégage de l'ensemble, et sur certaines notes par quoi ton livre « sonne vrai ». On n'invente pas un lieutenant Bouvier, ni un capitaine Rossignol, ni... Bon! voilà que j'ai mis des noms en bas des portraits. Veuille la censure les y laisser : cela ne peut nuire à la défense nationale, qu'on lise ici une fois de plus le nom tant de fois « cité » à l'Officiel du frère d'armes qui fut, à certaines heures tragiques, un ami si précieux; — ou qu'un peu plus de *justice encore soit rendue à ce territorial modeste, allant son chemin sans souci du danger pour lui, sans souci de flatteries ni de popularité mettant des mois à conquérir... ses lieutenants et qui a contribué par sa ténacité et sa méthode au succès des engins nouveaux qu'on lui avait confiés. D'ailleurs là encore l'*Officiel *a devancé mon indiscrétion en publiant sa nomination bien méritée dans la Légion d'honneur.*

Que ne puis-je, pour achever de convaincre les incrédules, montrer le document original — ton carnet.

Quand, dès le début de cette longue séparation, ta femme t'avait envoyé ce carnet, tu avais bien compris la prière muette qu'elle t'adressait. Tes lettres — ces lettres de soldat discipliné, que nous censurons nous-mêmes avant de les livrer à la censure militaire, — et qui ne peuvent vraiment refléter notre vie — tes lettres ne pouvaient lui suffire. Sa belle vaillance, qui te soutenait sans cesse, avait le droit de connaître, ne fût-ce qu'après coup, le détail quotidien de tes épreuves, de tes dangers, de tes pensées. Et puis... si Dieu l'appelait à rester seule auprès de la chère couvée et à suppléer le père, ne fallait-il pas d'avance l'aider dans cette tâche, et lui laisser « où puiser de quoi faire aimer davantage à vos petits quelques-uns des admirables soldats qui se sont si bien battus pour leur conserver leur pays? »

Certes, quand tu griffonnais ces notes, le soir au bivouac et parfois pendant la bataille, tu ne songeais pas au public. Mais un jour, après avoir « tenu » jusqu'au bout de tes forces, tu as dû compter avec les suites douloureuses de ta dernière blessure, et, par ordre, quitter au moins pour un temps tes chers crapouillots. Ton service actuel est comme une longue faction, qui a ses loisirs : tu as transcrit quelques pages de ton carnet, et l'idée t'a été suggérée par de bons juges d'en publier des fragments.

As-tu raison de suivre ce conseil? Je le crois.

Ton petit volume aura-t-il un vrai succès? Je le souhaite, et je l'ignore.

Ce que je sais, c'est d'abord que ton livre fera grand plaisir aux braves à qui tu le dédies.

Ce que je sais, c'est qu'il nous amènera à faire une plus large part dans notre reconnaissance, non pas seulement aux grands chefs que tu nous fais admirer, mais aussi à ces héros ignorés qui n'auront pas leurs noms inscrits dans l'histoire, ni même une initiale dans ces pages que tu leur consacres, et dont cependant, avec toi, nous saluerons la gloire, — de même que nous prions parfois devant la pauvre croix d'une tombe anonyme.

Ce que je sais, c'est qu'à plusieurs ton livre fera du bien, et c'est l'essentiel.

A ceux qui, dans la lutte sans cesse reprise, se sentent parfois si las et près de faiblir, à ceux qui, s'étant si bien battus, n'ont gagné pour eux-mêmes qu'une de ces « infirmités sans gloire » dont tu parles quelque part, ton livre dira le prix de chaque effort individuel dans l'immense effort des nations alliées pour le Droit.

« Celles qui attendent » te sauront gré de leur faire vivre quelques heures de la vie des absents. Peu importe que tu ne leur caches pas les périls; elles ne les ignorent pas, elles veulent savoir, et leur anxiété n'est guère plus lourde pour être plus avertie.

Et celles qui, hélas! « n'attendent plus » ont besoin que, parfois, on mêle de nouveau quelque légitime orgueil à l'amertume de leurs larmes.

Beaucoup de tes lecteurs, mon cher fils, liront-ils cette lettre-préface? J'en doute fort, et cependant je ne regrette pas de l'avoir écrite, — de t'avoir écrit. Mes pages doivent manquer quelque peu de suite, car j'ai dû profiter des moments où je ne prenais pas une part directe à la bataille qui gronde sans discontinuer au-dessus de mon abri. Mais chaque fois que j'ai repris la plume, j'ai retrouvé, avec toi et autour de toi, mon cher aîné, la famille dispersée. Chaque fois, je vous ai revus, groupés comme vous l'étiez naguère autour de la grande table joyeuse où votre mère maintenant, trop souvent, s'assied toute seule... Elle aussi, je la revois telle qu'elle nous est apparue aux jours de permission, et si j'évoque cette chère figure qui voudrait tant rester dans l'ombre de la maison, c'est que, j'en suis sûr, des fils qui ne sont pas les siens retrouveront dans cette image les traits maternels.

Elle a pâli, car son cœur a saigné par chacune de vos blessures, et cependant son front reflète avec les anxiétés de ses veilles je ne sais quelle paix surhumaine, et un doux sourire fait prfoais encore rayonner ses yeux. Elle a ce bonheur profond que, de ses enfants, chacun et chacune est à son poste. Elle souffre de vous savoir où vous êtes, mais elle ne s'en étonne pas, elle ne s'en plaint pas, et — oserai-je l'écrire? — elle ne voudrait pas que vous fussiez ailleurs. Elle savait bien ce qu'elle faisait en *vous élevant, et que, si jamais la Patrie faisait sonner au drapeau, vous répondriez en soldats, ayant appris de ses lèvres et de son exemple, qu'on ne se marchande pas au devoir, que la vie ne compte que si on l'emploie et ne vaut que dans la mesure où elle se donne.*

Ce livre a été écrit pour ta femme, et tu l'as dédié à tes compagnons d'armes. Puisque le voici devenu un peu mien, je le reprends un instant de leurs mains, et, avec elle et avec eux, comme avec toi, d'un cœur unanime, je le dédie à celles qui ont préparé la victoire en formant des hommes, et l'obtiendront bientôt du Dieu des armées par leurs prières et le muet héroïsme de leurs sacrifices :

A vos Mères.

L. Duval-Arnould.

Aux armées, octobre 1916.

CRAPOUILLOTS

LE CANON

Dans le ciel tout bleu, le soleil resplendit et, sans la guerre, ce serait une jolie et gaie journée d'été ; mais la bataille fait rage, car nous attaquons la tranchée boche qui se trouve à cent mètres à peine de la nôtre.

Parmi les arbres balafrés et squelettiques, les rafales de 75 glissent avec un sifflement ininterrompu et martèlent la première ligne ennemie. Une fumée légère voile tout déjà. Le tapage est assourdissant et joyeux.

Les crapouillots sont de la fête... C'est la première fois que la batterie voit le feu. Ce sera un joli baptême !

Il y a quinze jours, à peine nous nous connaissions, nous n'avions jamais vu notre arme! Mais en guerre, en France, il faut bien peu de temps pour faire bien les choses, avec des poilus comme les nôtres surtout!

Voyez-vous, au fond de ce repli de tranchée, le minuscule petit canon? Ne dirait-on pas un beau joujou, tout frais sorti de quelque bazar? Sa robe bleutée est toute neuve, la tranche de sa petite gueule rit luisante à la vie et à la lumière; l'ensemble a quelque chose de fin et de déluré : un peu l'allure de la reinette, le joli batracien de nos prés : c'est notre crapouillot!

Mais quelle est soudain cette horrible métamorphose?

Les servants ont chargé la pièce : énorme, pesante et noirâtre, la torpille émerge tout entière du tube. Le joujou s'est mué en un reptile hideux : une manière de formidable crotale, replié sur lui-même, braquant une tête immonde, armée d'un bec, striée de trois crêtes... Un peu de graisse grésille à la gueule et dégoutte en bave noirâtre et puante le long du tube!

Abritez-vous, la mort rôde!... Le crapouillot va tirer!

Feu!... un éclair! se cabrant sous l'effort, le petit canon a craché. Le bolide part droit vers le ciel.

Comme transfigurée par la liberté, la pesante masse, soutenue par ses ailerons d'acier, prend des allures de flèche : en une gracieuse trajectoire, elle monte, monte dans les blancs rayons du soleil, puis en l'instant où l'œil ne peut plus la suivre, elle hésite entre ciel et terre et brusquement, comme un épervier sur sa proie, elle pique sur le repaire boche.

Une lueur rouge, un volcan de fumée, un choc épouvantable et une volée de mitraille, de chair humaine, de terre et de débris. La torpille a éclaté, le crapouillot a tiré !

Il tire, sans repos ! Sous le nez de l'ennemi, les servants, tête nue, suants sous leurs chemises noires de poudre, enfournent les projectiles dans la gueule fumante qui crache, sournoise et docile.

Les balles claquent dans les branches, les shrapnells sifflent sur les têtes, les gros 15 labourent le sol, mais, assourdis, enivrés de poudre, les crapouillots n'y prennent garde ! C'est à peine si, parfois, un lazzi salue un éclat qui frôle un front.

C'est jour de tir ! C'est jour de fête aux crapouillots !

LE PATRON

Après le canon, voici le « patron », le « singe », comme disaient nos gas de « Paname », le capitaine, comme on dit aussi parfois, — officiellement!

Les disponibilités de notre corps, ayant été, paraît-il, à l'époque de notre formation, totalement vidées de tout capitaine ou lieutenant jeune et sain de corps et d'esprit, pour le poste dangereux mais glorieux de commandant de crapouillot, on fit choix du capitaine, un solide territorial, plein d'allant, de feu et de vigueur.

Figurez-vous donc une forte carrure berrichonne, « front large, teint coloré, nez grand », comme diraient les passeports du service de la circulation.

Des yeux à fleur de tête pétillent et vous dardent un regard qu'on ne fait pas baisser et qui, sous l'influence de la colère, prend des éclairs peu rassurants.

La barbiche pointue, la moustache et les sourcils tout bruns soulignent les traits, le crâne chauve agrandit le front et accentue l'impression de force, de volonté tenace, un peu butée peut-être, de l'ensemble.

Ce n'était pas un mince labeur que de « mettre au point » la batterie et lui faire rendre ce qu'elle devait.

Personnel, matériel... chefs, tout était à transformer. Il y arriva à force de fermeté, de diplomatie, mais il fallait être le robuste qu'il était pour n'y perdre ni santé ni courage.

CENSURÉ

. Comme un dompteur, le capitaine les calma. Quelques mots brefs et vigoureux en firent un troupeau, grondant certes, mais qui stoïquement, ce jour-là, « se mit la ceinture » et se tut.

Il en fit depuis des héros.

LE LIEUTENANT

C'est vraiment un chic crapouillot, le lieutenant de la 102!

De belle prestance, élégant, sans peur, il donne une fière impression de jeune et joyeuse valeur!

Il fallait l'entendre rire!

Ce matin-là — nous nous connaissions depuis deux jours — il m'emmenait pour la première fois aux tranchées.

— Tiens, dit-il, vois-tu, c'est trop long de suivre les boyaux et comme les Boches tirent dessus, par principe, c'est beaucoup plus dangereux de les prendre que d'aller à travers bled.

Le paradoxe était original. Je le suivis,

mais, je l'avoue, l'âme un peu serrée, d'autant plus que je remarquais que les fantassins avaient, eux, foi en la sécurité des boyaux, et nous regardaient passer, visiblement comme on regarde passer des toqués.

— Voilà la tranchée boche!
— Où?
— Mais là!
— Je ne vois pas!
— T'es aveugle! là, derrière les fils de fer!

Hein!... Elle n'était pas à cent cinquante mètres de nous.

— Mais ils vont nous tirer dessus!
— Tu parles! Ça ne fait rien, ils nous manqueront!

Malgré cette belle assurance, je crois que jamais je n'ai trouvé ma haute stature aussi désavantageuse qu'en cet instant.

Dzi, boum, boum! Je n'eus pas le temps

de faire un mouvement, deux marmites jumelles nous rasèrent et éclatèrent à une cinquantaine de mètres. Éperdu, les jambes molles, je cherchai des yeux un trou à proximité pour m'y blottir.

Et lui, follement amusé, secoué de la tête au pied, riait d'un beau rire clair et si franc que j'en sentis, du coup, mon cœur se remettre en place et que je n'eus pas trop peur quand les Boches, croyant qu'on se payait leur tête, nous firent siffler une ou deux balles aux oreilles.

— Tu vois, je te l'avais bien dit, qu'ils tirent mal!

Et sans se presser, riant toujours, il m'emmena plus loin, sur le bled.

Ce rire, que de fois nous l'avons entendu, que de fois, à moi ou à mes compagnons, il nous a rendu force et courage, alors qu'on était bien las, qu'on avait le cafard ou que « ça craquait » de tous côtés!

Les exploits du lieutenant étaient ahurissants, légendaires, seuls peuvent raisonnablement y croire ceux qui les ont vu accomplir. Ils étaient tels, que le jour où, sur sa poitrine de vingt-deux ans, le général épingla la croix, les crapouillots, qui s'y connaissent cependant en courage et discutent âprement les mérites, furent unanimes, pour la première fois, à dire : « Au moins ça fait plaisir! Celle-là, elle n'est pas volée! »

Mais où il fallait le voir, c'était quand il réglait un tir.

Le buste émergeant d'un poste d'écoute, à cinquante mètres de son objectif, dans la zone la plus balayée par les éclats et les balles, il lançait des ordres précis et nets : on eût dit qu'il jonglait avec ses torpilles, il les plaçait, les unes après les autres, sur l'ouvrage boche. Puis, quand, la ligne coupée, il ne pouvait plus téléphoner, il sortait de son abri, et dominant de sa haute taille le bled, insensé d'audace, dans un fou défi au danger, il commandait de loin ses canons de sa belle voix sonore.

Près de lui, les plus capons se muaient en héros.

Avec lui comme guide, une folle tentative devenait une réalité.

LES POILUS

Ce qu'ils étaient quand nous nous sommes rencontrés?

Il y avait de tout, des grognards oubliés dans la tranchée depuis des mois, qui avaient vu naître l'arme, avaient pointé les canons de bronze et lancé les torpilles en bois; des volontaires épris de liberté, d'ardeur et d'aventures; des aigris enfin, que des ordres mal donnés ou mal compris avaient rebellés contre la discipline et conduits à la prison ou au conseil de guerre.

Mélange hétérogène où le pire voisinait le meilleur, qui faisait peur au premier abord, mais aussi frémir de fierté leurs chefs à certains soirs de bataille.

Mauvaises caboches, excellents cœurs! Tous braves jusqu'à l'héroïsme, simplement, joyeusement, capables souvent de se faire fusiller pour un coup de tête, mais aussi bien tuer, sans hésiter, par devoir. Beaucoup aimaient boire un coup, rire au nez d'un chef, mais ils aimaient mieux encore braver la mort et se saouler de vaillance.

Après les longs jours d'une sanglante bataille que, seuls de toute une armée, ils avaient tous vécus sans relève, comme nous apportions à leur général une poignée de vingt citations, celui-ci ne put s'empêcher de s'écrier :

— Mais c'est la médaille militaire qu'ils mériteraient tous, avec des motifs comme ceux-là !

— Peut-être, put répondre fièrement leur capitaine, que voulez-vous, les motifs sont simplement exacts; tous mes autres hommes mériteraient la croix de guerre!

Cela sera la fierté de ma vie d'avoir été pendant la Grande Guerre le frère d'armes de ces gens-là et mon regret de les avoir quittés trop vite, estropié par un mal sans gloire. Mais tant que je vivrai, je me souviendrai de ce mot que me lança un jour, en pleine action, un brave qui les voyait à l'œuvre :

— Chics poilus que vos crapouillots! On vous voit toujours les engueuler pour les forcer à s'abriter dans la tranchée et jamais pour les en faire sortir!

MON TAMPON

?...

Mon boum... mon ordonnance, quoi !

C'était un crapouillot du début, né natif des bords de la Cannebière, dont il avait gardé l'accent et la vivacité de langage.

Bien bâti, tête ronde, avec de gros yeux rieurs et intelligents, il était aux petits soins pour moi.

J'aimais bien son verbe sonore et imagé quand il disputait ceux qui empiétaient... ou faisaient mine d'empiéter sur ce qui, décrétait-il, était mon droit, ou la façon respectueuse avec laquelle il me grondait quand, d'aventure, je tachais ma vareuse !

J'aimais bien voir aussi sa cordiale indignation lorsque, au moment de partir me battre, je lui remettais un mot... pour le cas d'un accident...

— Eh té, mon lieutenant, taisez-vous, espérons que ça ne sera pas !

Un jour, que j'étais allé un peu loin à cheval, je le laissai garder les bêtes au coin d'un bois et je continuai ma reconnaissance à pied, elle dura quelques heures.

Quand je revins, je trouvai les chevaux très énervés et mon ordonnance me conta que des marmites et des balles étaient venues rôder à l'entour. Comme je lui demandais pourquoi il n'avait pas quitté la place, il me répondit, indigné :

— Eh té, mon lieutenant, la consigne est toujours la consigne, donc!

Nous sautâmes à cheval ; sa bête butta

dans un trou de marmite, il la retint d'un violent effort juste à temps pour ne pas faire panache. Je le vis blêmir un peu. Je crus que c'était l'émotion et comme il se remettait difficilement en selle, je blaguai ses qualités équestres. Je le raillai bien plus encore quand, un peu plus loin, une marmite ayant fait faire un écart à son cheval, il faillit vider les arçons et se cramponna au pommeau de sa selle.

Les Boches faisaient un barrage de fusants sur notre route...; j'étais pressé, je résolus de tenter le passage, mais trouvant inutile d'exposer mon compagnon, je lui criai :

— Attends la fin du tir ; je risque le coup.

Sans répondre, il mit son cheval au galop, réglementairement, à cinq mètres derrière moi.

Comme de juste, les obus nous manquèrent... Mais à peine étions-nous hors de la zone balayée, mon tampon passa sans plus de façon au pas :

— Quelle rosse que ta bique, lui criai-je agacé, tu rejoindras, je continue.

Sans répondre, il me regarda avec ses grands yeux pleins de reproches.

Quelques jours plus tard, le hasard me fit apprendre qu'en relevant son cheval, mon ordonnance avait attrapé une hernie. Brave garçon, il avait eu l'énergie de dominer la douleur et de se taire « pour ne pas lâcher son officier, tant qu'il y avait du danger! »

Une autre fois, dans un village, j'étais cloué au lit, torturé par une tenace entérite, quand un bombardement commença.

Les Boches en voulaient spécialement au quartier que nous habitions, les marmites arrivaient dans notre voisinage ; la maison d'à côté sauta.

J'essayai de dormir... Mais c'est difficile quand on a mal... et que ça tombe.

Tout à coup, un coup discret fut frappé à ma porte ; c'était mon ordonnance ; il avait son air effaré.

— Mon lieutenant... vous n'entendez donc pas ?

— Si, ce sont des marmites !

— C'est que... c'est sur nous qu'ils tirent, sûrement on va écoper ; vous devriez venir nous rejoindre à la cave, on y est descendu avec le cuisinier et les autres ordonnances.

— Peux pas ! J'ai trop de mal.

Mon tampon, un instant, demeura coi ; puis, soudain, de sa belle voix musicale :

— Je reste avec vous, alorsse ! fit-il ; et, sans façon, il s'assit au pied de mon lit et se mit à me conter une drôle d'histoire de femmes qui dura autant que les obus.

Vous étonnerai-je en vous disant que je l'aimais bien... et que ça m'ennuyait de le savoir aux tranchées, même quand j'y étais!

OÙ JE FUS REMIS A MA PLACE

Celui-là n'avait peut-être pas une âme excessivement délicate et il appliquait un peu trop à la lettre le mot fameux « tout ce qui est national est nôtre ! »

Un jour, il errait, revenant du dépôt, renvoyé d'une gare à l'autre, à la recherche de la batterie, partie pour « une destination inconnue », quand le hasard le mit en présence de mon père, dans une gare régulatrice.

Vous pensez bien que l'insigne que le crapouillot portait à son bras le fit de suite repérer au passage, arrêter, renseigner et charger d'un mot et d'une douzaine de paquets de cigarettes, — objets rares alors en nos parages, — moitié pour lui, moitié pour moi.

— Mon lieutenant, me fit-il à l'arrivée, l'air légèrement gouailleur, j'ai vu votre papa, l'capitaine, c'est un bel homme! Il m'a donné une lettre pour vous et des sibiches pour moi, il m'en avait donné aussi pour vous... la lettre, la v'là, mais le tabac, j'sais pas ce qu'il est devenu ; j'ai plus que le mien! Si vous voulez, pour le remplacer, je vous donnerai du gros!

J'ai refusé en riant.

A quelque temps de là, il gagna ma confiance.

Nous faisions un travail dangereux et pressé :

Figurez-vous un petit vallon ; sur la crête la plus élevée, les Boches dans des tranchées bien organisées, flanquées de mitrailleuses et d'un canon-revolver ; sous leurs yeux, à peine à trois cents mètres, au milieu de la pente en face, nous devions faire un boyau pour y installer nos pièces.

Pendant toute la nuit, une équipe avait creusé d'arrache-pied, et, le matin, quand j'arrivai avec de nouveaux travailleurs, une tranchée était amorcée qui permettait de continuer presque partout sans être trop en vue.

Malheureusement, par suite d'une légère erreur d'orientation et à cause de la déclivité, une quinzaine de mètres de l'ouvrage à l'endroit le plus important étaient pris d'enfilade par la tranchée ennemie. Le temps pressait; je résolus d'édifier un masque derrière lequel on pourrait approfondir le travail.

Blottis au fond du boyau, nous remplîmes à la hâte quelques sacs à terre, puis en rampant, nous les coulâmes jusqu'au tournant où commençait le passage exposé.

Il s'agissait, maintenant, de les hisser sur le parapet pour créer ainsi, à la barbe de l'ennemi, un écran qui nous défilerait des yeux indiscrets des guetteurs.

Évidemment ceux-ci ne nous laisseraient pas faire sans réagir et dame... à trois cents mètres!

Je n'eus pas le courage de commander un de mes hommes et, me hissant sur le talus, je leur disais déjà de me passer les sacs, lorsque je fus tiré en arrière par ma vareuse, et le poilu aux cigarettes me dit, de son ton le plus bourru :

— C'est pas vot' place, mon lieutenant, j'vais y aller!

Il y alla. Au septième sac, un obus de canon-revolver lui claqua sous le nez et l'envoya, raté de peu, bouler heureusement sans mal dans la tranchée.

En se frottant les côtes, il leur cria :

— Trop tard, mes bons messieurs, la farce est jouée!

Elle l'était effectivement et nous pouvions piocher en paix.

ACQUISITION

Mon crapouillot a une montre, une montre en argent, pas en toc, et qui marche :

— La première de ma vie, dit-il orgueilleusement, que j'aie gardée plus de trois mois avant d'aller la porter chez « ma tante » pour la boire!

Son acquisition fut assez drôle.

Comme un troupeau de moutons, apeurés, décimés par les marmites des leurs, des milliers de prisonniers boches se précipitaient dans nos boyaux.

Debout sur les parapets, sans souci de la ferraille qui voltigeait, mes hommes, amusés et ravis, contemplaient ce bétail humain qu'ils avaient par leur inlassable vaillance bien contribué à capturer.

Soudain, une exclamation indignée retentit.

— Elle est plus forte que de jouer au bouchon, celle-là : un Boche vient de regarder l'heure sous l'œil de Bibi et moi, un poilu, faute de toquante, je ne sais pas depuis quatorze mois s'il fait jour ou s'il fait nuit! Kamarade! ....
....

Nous nous retournons et j'aperçois mon bonhomme qui, outré, invectivait un superbe gaillard, qu'à son élégance et à la propreté, outrageante un jour de bataille, de son dolman, je reconnus pour un *Oberleutnant*.

Quoique je sache, par l'expérience des miens, quelle « délicatesse » mettent même les officiers supérieurs boches, pour payer une hospitalité forcée mais courtoise, en exigeant revolver au poing des « souvenirs », j'allais, comme je devais, intervenir...

Mais le Boche s'est métamorphosé. Le prisonnier apeuré disparaît et se mue en un hobereau scandalisé dans sa dignité de noble et de gradé allemand.

Cambrant la taille, la tête hautaine et raidie dans le rouge carcan de son col, il lance avec une splendide insolence à l'homme, ce mot seul :

— Pas camarade... Officier!

Ce qui l'indignait ....
.... — c'était le grossier sansgêne d'un simple soldat.

Un ordre s'étrangla, du coup, dans ma gorge.

— Officier! hurla mon poilu, blessé dans ses plus profondes convictions égalitaires. Pas camarade! t'es plus en Bocherie! tu sais, chez nous, tous camarades!

CENSURÉ

Instantanément, honteusement piteux, le beau prisonnier tendit la montre, et même leva les bras au ciel, en clamant :

— Kamarade!

Le crapouillot riait aux larmes.

— Ce que c'est bête tout de même, un Boche!

Et faisant jouer la culasse, il montra au « camarade » dévalisé le tonnerre vide de son arme.

CENSURÉ

JOLI CŒUR

C'était un petit gringalet de conducteur que Joly, dit Joli Cœur, leste comme un écureuil, adroit comme un singe et brave sans tapage.

On lui avait donné trois biques : Kaiser, Kronprinz et Margot, plus mal bâties et plus vicieuses les unes que les autres; il en avait fait trois bons chevaux, solides et tirant comme des cricks. Mais, dame, ce qu'il avait, sans en avoir l'air, « refait d'avoine à l'adjudant, c'était rien de le dire! » Il les aimait comme ses enfants.

De l'hôpital où il alla soigner un mauvais rhume, il m'écrivait souvent et, en terminant chaque lettre, régulièrement entre celles du capitaine et celles du lieutenant, il ne manquait jamais de demander des « nouvelles de ses trois bêtes avec des détails », de me prier de « donner le bonjour aux officiers et d'aller les caresser! » Les! Il s'agissait sans doute des bêtes; je n'ai jamais, d'ailleurs, suivi qu'une fois ces dernières injonctions, ce qui me valut une bonne ruade, car Margot, des plus vertueuses, n'admettait pas le moindre hommage d'un étranger.

Un jour, que nous avions l'ordre de mener en position une batterie de confrères fraîchement émoulus du dépôt, mon Joly, pour sa part, en reçut dans sa voiture une dizaine avec des canons et des torpilles.

La longueur d'un chaud voyage, la grande soif apaisée, peut-être aussi la proximité du baptême du feu, avaient rendu l'équipe fort bruyante, beaucoup trop dans les parages que l'on fréquentait. Ils chantaient à tue-tête !

— Vous piaillerez un peu moins haut tout à l'heure, grogna simplement le conducteur.

Au ras de sa tête claqua soudain un fusant... puis un autre... puis un troisième. Instantanément ce fut le silence.

— En voilà sans doute assez pour vos gueules ! ricana-t-il sans se retourner.

Il continua sous un copieux arrosage, mais quand, quelques centaines de mètres plus loin, il s'arrêta en ordonnant : « Descendez, v'là le terminus ! » il s'aperçut qu'il était seul, que les torpilles étaient rouges et même... qu'il traînait un « bout de viande » dans le fond de la voiture.

Sans s'émouvoir, tout seul, il vida son chariot et, de sa placide allure, s'en retourna chercher un second chargement.

OU IL EST MONTRÉ QU'IL EST PLUS AISÉ PARFOIS D'ÊTRE UN HÉROÏQUE AMOUREUX QU'UN HÉROS TOUT COURT

« Charles, le doyen de la crapouillasserie nationale, pour vous servir! » C'est ainsi qu'un jour celui-là se présenta à un général interloqué.

Engagé volontaire pour la guerre, il avait roulé par tout le monde, naufragé trois fois, je crois, et accumulé en sa vie certainement bien plus d'aventures que nous pendant les nôtres réunies.

Fort en gueule et très brave, il n'était certes pas plus émotionné par une marmite que par une « huile »!

Mais où il fallait le voir, c'était quand il tirait.

Crapouillot du début, il était réellement « un peu là » !

Un jour, il m'en souvient, en pleine attaque, une de nos pièces est démolie, son alvéole comblée, les servants blessés ; aussitôt le lieutenant veut la remplacer : nous avons bien un canon de rechange, mais où le mettre, comment le servir ?

Heureusement Charles est là ; une marmite ébrèche la paroi d'un boyau très arrosé ; en deux coups de pelle, il fait du trou une banquette et deux heures durant, à lui seul, chargeant, bourrant, amorçant, tirant, il fit l'ouvrage de quatre ; il le fit si bien que pour l'arrêter, au moment de l'assaut, nous dûmes nous fâcher rouge et crier très fort.

Il y avait quelque chose des héros d'Homère en lui ; quand vint Noël, il jugea qu'une telle fête ne devait pas passer inaperçue et qu'une élémentaire courtoisie exigeait qu'on offrît quelque chose aux Boches ce jour-là. Il vida de sa cheddite une torpille, une de ces torpilles, heureusement réformées, que tiraient des mortiers du temps des rois et qui avaient presque toujours, à la grande joie des Boches, la fâcheuse idée d'éclater au départ et rarement l'idée, meilleure cependant, de sauter à l'arrivée.

Il mit dans le projectile une croûte de pain blanc, un vieux reste de singe, une fiole de vin, un peu de scaferlati, un cahier du robuste papier à cigarettes « offert par la République à ses armées », bref, de tout ce qui fait la vie du poilu au front. Il y joignit une belle harangue, où, en termes choisis, il leur exprimait quelques vérités de bon aloi ; puis, chipant à l'ordinaire une superbe queue de morue, il la lia par une ficelle d'un mètre à la torpille et expédia chez les Boches le plus bizarre des engins de tranchées qu'ils aient jamais reçu.

Et dire que c'est la faute à l'Amour si Charles n'a pas, à celles qu'il porte déjà, ajouté une médaille de sauvetage!

Il était rentré assez tard d'une attaque et, rôdant à une heure indue dans les rues, il s'apprêtait vraisemblablement à aller boire un coup en fraude ou à quelque braconnage, quand une immense lueur rouge embrasa le ciel : c'était une maison du village qui flambait.

Frapper au carreau du capitaine encore debout, se ruer avec lui vers le lieu du sinistre furent l'affaire d'un instant.

Tout le rez-de-chaussée était déjà en feu : par les fenêtres, par les portes, de longues flammes blanches et rouges s'élançaient, léchant le toit, et voilaient d'un sinistre rideau le premier étage.

Les cheveux épars, en chemise, pieds nus, une femme, folle de terreur, sortait en ce moment; presque aussitôt un tringlot d'une des unités cantonnées dans le même village la suivait à demi vêtu.

Un instant, la femme demeura comme hébétée, puis, soudain, elle eut un cri déchirant et de ses mains crispées elle désigna une fenêtre du premier :

— Ma fille, ma fille que j'ai oubliée là!

Charles et le capitaine, « son merka » à la main, escaladèrent l'escalier qui brûlait déjà; des cris d'enfant les guidèrent dans la fumée. Une chambre s'ouvrait, avec un grand lit, fort en désordre, une veste bleue sur une chaise, des vêtements de femme épars sur le sol; pelotonnée dans un coin, la pauvrette hurlait la terreur.

Quelques instants plus tard, un peu roussi, Charles rendait à la mère sa fille saine et sauve en lui disant :

— Pas tant de chichi, elle n'a rien, la môme!

Et comme il fallait couper un pignon pour faire la part du feu, il courut donner la main aux compagnons.

La mère, folle de joie, après avoir cru mourir de terreur, serrait sa petite sur son cœur, quand soudain, à l'ahurissement général, elle se jeta au cou du tringlot, demeuré stupide auprès d'elle, et le couvrit de baisers et de larmes...

Elle le couvrit de gloire aussi : car, le lendemain, après que les gendarmes eurent fait leur enquête, c'était lui, tringlot, le sauveteur héroïque!...

Comment voulez-vous, en effet, expliquer sans cela : et l'absence du cantonnement, et la présence sur les lieux du sinistre, et la perte de l'équipement, et la reconnaissance délirante de la vertueuse mère?

Aussi la demande de médaille de sauvetage que présenta pour Charles le capitaine, ignominieusement retournée comme « sans objet », sembla presque une tentative d'escroquerie.

Et Charles, que des déboires conjugaux avaient rendu perspicace et philosophe, s'écria :

— Zut alors, encore un qui m'a fait cocu !

NICK CARTER

Ça craque dur et tout tremble dans la sape où je rédige hâtivement les ordres que je dois transmettre aux batteries. Par instant, le souffle brutal d'un obus éclatant tout proche vient, par la porte ouverte, courber à l'éteindre la flamme de ma bougie. Des débris passent en sifflant, des arbres entiers fauchés par des projectiles s'abattent avec des craquements qui dominent le tumulte...

Le sang bouillonne, les tempes battent, les nerfs font mal...

Brusquement, du parapet d'en face, un homme en bras de chemise, nu-tête, la face sanglante, bondit du bled dans le boyau et, soudain immobilisé, impeccable, au garde à vous comme à la parade, sous la mitraille, laisse tomber ces mots :

— Ordre transmis !

C'est un des agents de liaison... une émotion me serre le cœur.

— Blessé?

Et la face sanglante me répond d'une voix de gavroche, traînante :

— Ces vaches-là! Ils en veulent à ma peau, mais j'suis trop dur, c'est pas entré assez loin!

— Va te faire panser au poste de secours.

— Pensez-vous, l'toubib, il a trop de clients!

— Entre à l'abri.

— Si vous comptez là-dessus! ricana le poilu en désignant d'un air de mépris la couche de rondins qui doit me protéger.

Un pansement qu'une dame de la Croix-

Rouge eût mille fois renié est improvisé...
Le sang traverse presque aussitôt.

Un ordre arrive. J'appelle : « Un agent de liaison! »

Mon poilu rouspète :

— ... Ben! et puis moi?

— Repose-toi un moment!

— J'suis pas fatigué. J'suis pas là pour enfiler des perles!

— Eh! va donc, mauvaise tête!

— Ça dépend rudement des goûts, remarque-t-il, et d'un bond, il est sur le parapet. Car il sait que suivre les boyaux c'est long, difficile, qu'on s'y perd... qu'on court mieux sur le bled!

... Depuis ce jour, on ne le connaît plus que sous le nom de Nick Carter.

En portant l'ordre, au moment de sauter un boyau, il croise un groupe d'officiers. Ceux-ci ont un cri de stupeur et d'admiration devant ce soldat qui se moque si follement de la mort et dont le masque, fait de sang brun coagulé, de poussière et de pansement écarlate, a quelque chose d'effrayant et de sublime.

C'est le général G... qui monte en première ligne ; il aperçoit le bout de papier maculé de l'agent de liaison.

— Comment t'appelles-tu, mon brave ?

Le poilu s'arrête net dans sa course, un peu vexé d'être dérangé dans son service urgent.

Il reconnaît les étoiles et voit une merveilleuse occasion de « s'offrir la tête » d'une « grosse légume ».

— Nick Carter, pour vot' service ! hurle-t-il dans la tempête, et il repart comme un daim...

— Ce qu'il en faisait des billes de merlan frit, le grand patron, racontait-il le soir aux copains, en riant comme une vierge folle

Mais, ce n'est pas tout, Nick Carter a déserté cinq jours après et voici comment.

Le jour où il fut blessé, ni ordre, ni prière, ni menace, ne purent le décider à partir à l'arrière.

— Non, mon lieutenant, fâché de vous déplaire; j'suis agent de liaison, l'attaque n'est pas finie, je ne veux pas fout'e le camp avant les copains !

On obtint seulement qu'il se débarbouillât un peu dans une gamelle. Il ne quitta les positions qu'au bout de quarante-huit heures, avec les autres... Mais il avait toujours son éclat d'obus fiché dans le crâne.

Par ordre, il partit à une ambulance, à quelques kilomètres en arrière. Quel ne fut pas notre ébahissement de le voir revenir trois jours après.

Mais dans quel état !

Un Nick Carter hideux : figurez-vousle avec un crâne rasé, poli comme une bille de billard, une cicatrice sanguinolente au milieu et une grande tonsure de teinture d'iode tout autour.

— D'où viens-tu?

— De l'hôpital, tiens donc!

— C'est fini déjà?

— Bien sûr, vous voyez bien!

— Ton billet de sortie d'hôpital?

— Ah! ça, c'est autre chose! Le vieux toubib de là-bas a voulu me garder. Il n'y connaît rien; ça ne saigne plus et il voulait m'envoyer à l'arrière. Je m'embêtais, j'ai foutu le camp!

Et voilà pourquoi, à l'ambulance N..., Nick Carter a été porté déserteur à l'intérieur, en temps de guerre, dans la zone des armées, en face de l'ennemi, ce qui, comme chacun sait, mérite la mort.

GAVROCHE!

Lui, quand je le voyais avec son petit corps agile et un peu malingre, son visage pâle et rieur, son nez légèrement retroussé, je pensais souvent à « Gavroche ».

Il laissait tomber de sa lèvre imberbe, où collait un mégot, des phrases pittoresques, émaillées d'argot et où, à son insu, on sentait son vaillant petit cœur d'enfant de Paris.

Tout à la fois débrouillard et tire-au-flanc sans vergogne, ce qu'il aimait par-dessus tout, c'était, comme il disait, « vadrouiller ! »

Téléphoniste ou agent de liaison, il faisait merveille, se glissant partout comme une anguille, et arrivant toujours...

Si c'était pressé, il avait plus vite fait qu'aucun autre ; mais, par contre, s'il se croyait du bon temps, il ne pouvait s'empêcher de faire des crochets. Dame ! que voulez-vous, on n'a pas été badaud parisien pour des prunes !

L'âme était si vaillante, que la résistance de ce corps de gamin émerveillait et le courage si discret et si naturel, qu'il fallait l'observer pour s'en apercevoir.

Un jour, il nous arriva tout rigolant. Il y avait bien de quoi ! Pensez donc : tandis qu'il pédalait sur une route très arrosée pour porter une demande d'ordres du lieutenant, un obus avait crevé le pneu avant de son vélo et cassé deux ou trois rayons.

— C'que j'ai failli en prendre, une gamelle! d'autant plus que j'cavalais! Visez, mon lieutenant, si j'ai eu chaud, ma liquette est trempée!

Comme depuis quelques jours il n'avait pas arrêté de porter des ordres, de dévider du fil et de fureter partout, à son visage plus pâle, à ses yeux cernés, on voyait que ce dernier effort l'avait vanné.

— J'suis flapi!

Il fallait envoyer la réponse à mon camarade : l'ordre de rentrer avec ses hommes au cantonnement. Le capitaine hésitait à demander ce nouvel effort au petit gas, qui venait de l'échapper de si peu.

Mais lui, voyant la chose :

— Bah! C'est que dix kilos de plus à tirer! J'frai pas du cent, voilà tout. Et puis, c'est la bonne nouvelle!

Et il repartit sur son vélo malade. Quand il revint, il en avait un second sur l'épaule.

— L'ai trouvé en route, il est aussi amoché, ça serait de la déveine s'il y avait pas pied d'en faire un bon avec les deux !

Mais ses forces, après ces « coups durs », finirent par le trahir ; on dut l'évacuer pour fatigue. Nous correspondions en amis et ses gentilles lettres me faisaient, par leur bonne humeur, du plaisir et du bien :

« La présente, mon cher lieutenant, pour vous dire que j'ai poissé deux marks de convalo. C'est ça qu'est le filon : mener la vie de Paname ! Mais vous savez, quand ça se tirera, un petit mot de vous, au dépôt, pour que je rapplique en vitesse. J'veux pas moisir cent sept ans là-bas ! »

On lui donna la croix de guerre. Il la reçut en rigolant... Comme je le félicitais, il me dit, plus « gavroche » que jamais :

— Ben quoi! j'ai rien fait de rare!

Puis, soudain sérieux :

— C'est égal! C'que ça fera plaisir à mes deux vieux!

UN POCHARD

Celui-là aussi est un brave type, mais il a un gros défaut.

Il reçut jadis une balle dans la tête. Quand elle fait des siennes, ça lui donne le cafard; pour noyer celui-ci, il boit et, dame, quand il a bu, il n'est guère commode à manier. Jugez-en plutôt!

C'était un jour d'attaque. Sa pièce, arrivant en renfort de celles qui étaient engagées, atteignit la position au moment même où le bombardement commençait et où les Boches, désagréablement impressionnés, nous déclanchaient un de ces barrages nourris dont ils ont eu longtemps seuls le secret.

Mon poilu était saoul comme une grive ; il s'était attaché à nos pas, nous importunant de discours oiseux, par lesquels il s'efforçait copieusement de nous prouver qu'il était sain de corps et d'esprit. De guerre lasse, nous décidâmes de le « semer » ; nous escomptions qu'une fois distancé dans les boyaux qu'il ne connaissait pas, il perdrait assez de temps pour cuver son vin en paix.

— Viens en première ligne avec nous !

Fâcheuse idée !

— Ah ! vous me dites cela parce que vous croyez que j'ai peur ! Je vais vous montrer qu'un crapouillot n'a pas le trac ! Vous allez voir le feignant que je ne suis pas !

Et ce disant, il bondit sur le bled que rasait copieusement la mitraille et, gesticulant, en pleine vue, il nous accompagnait.

Nous eûmes beau le haranguer, lui ordonner de descendre, lui affirmer que nous le tenions pour le plus brave, rien n'y fit. De plus en plus exalté, il vint ainsi jusqu'aux premières lignes :

— Ça sera votre punition, clamait-il, je veux vous le bien prouver, que je n'ai pas peur du tout.

Punis, Dieu sait si nous l'étions. Peur, effectivement nous l'avions, en songeant aux conséquences qu'allait sans doute avoir le quart de vin bu en trop.

La ligne française était si proche de la ligne allemande que bien des projectiles de chez nous nous couvraient d'éclats et de terre.

Le gas n'en avait cure! Debout sur la banquette, il se débattait comme un diable en bénitier; engueulant au vol les obus, tout le corps à découvert, il tiraillait sans trêve avec son mousqueton contre un trop réel ennemi.

Les fantassins, que le bombardement avait un peu abasourdis, regardaient avec épouvante notre poilu. Quant à nous, nous étions navrés, mais le devoir commandant de terrible manière en ces instants, nous dûmes le laisser là, pour aller à nos pièces.

Soudain, nous le revîmes.

Il y avait un abri de commandement dont la couverture renforcée de sacs à terre et de gabions dominait le bled de plusieurs mètres.

Le pochard était debout, au sommet, son mousqueton au poing, invectivant à perdre haleine les Allemands.

C'était absolument fou; les balles, les éclats, les branches cassées pleuvaient autour de lui.

— Ah! Ils croient que j'ai peur; ils disent que j'ai le trac! Eh bien, qu'ils viennent donc me chercher ici, s'ils osent du moins!

Il y a un Dieu pour les poivrots ou plutôt non, il y en a un pour tout le monde, mais celui-là même, en souvenir de Noé sans doute, fait parfois des miracles de protection en faveur des hommes saouls. Il en fit un ce jour-là !

Car le crapouillot, vigoureusement ceinturé par un sous-officier, put être, sans avoir reçu une éraflure, jeté au fond d'une sape où il s'endormit du plus paisible des sommeils.

OU IL EST EXPLIQUÉ COMME QUOI, A LEUR INSU, LES CRAPOUILLOTS DE LA 102 PROVOQUÈRENT DE GRANDS ÉMOIS, FAILLIRENT ÊTRE AU COMMUNIQUÉ FRANÇAIS ET DURENT ÊTRE AU COMMUNIQUÉ BOCHE

Un beau matin, nous arriva l'ordre d'aller faire éclater celles de nos torpilles qui avaient fait grève à l'attaque et qui, jonchant l'ancienne première ligne allemande, aujourd'hui dépassée de quatre kilomètres par les nôtres, devenaient un danger public. Il y en avait, sur un seul point, près d'une centaine; nous étions dix pour ce dangereux travail. On tint conseil et l'on décida d'en finir d'un seul coup.

Dans deux trous de marmites, nous empilâmes les torpilles et les pétards; les hommes coururent chacun dans une direction pour prévenir les voisins d'avoir à « garer leur peau », et j'allumai les mèches.

Inutile de vous dire que nous en avions mis des longueurs suffisantes pour me permettre de m'abriter dans une tranchée voisine.

Dieu, que c'est long à brûler, une mèche! Nous la croyions éteinte et nous apprêtions à aller voir, quand deux effroyables détonations retentirent à quelques secondes d'intervalle. Tout chancela; un formidable ouragan passa sur nos têtes, nous ensevelissant à demi sous la terre et la ferraille, tandis que l'écœurante odeur de cheddite nous empoignait la gorge. Ce fut magnifique; mes hommes battirent des mains.

Soudain, dans la fumée, se dressèrent à quelques pas de nous deux officiers qui secouaient leurs vêtements couverts de terre.

— Vous pouvez me féliciter d'être encore de ce monde, nous dit l'un d'eux, avec un charmant sourire. Mais, diable, il ne fait pas bon vous approcher. Heureusement qu'il y a une Providence.

C'était un commandant du génie et un lieutenant. Les pauvres! Ils avaient, pour déboucher d'un boyau à quelques cents mètres de nous, juste choisi l'instant de la première explosion. Fauchés comme blés mûrs, aplatis comme galette, ils s'étaient relevés bien à point pour que la seconde explosion les refauchât et les réaplatît!

D'autres eussent été tués deux fois à coup sûr. Eux n'eurent rien; il y a une Providence pour le génie comme pour les poivrots!...

C'eût été d'ailleurs une disparition regrettable que celle du commandant, car, voyez comme en guerre on fait drôlement connaissance. Après cette présentation « sur le terrain », nous comptâmes à l'état-major un ami de plus.

Et pendant ce temps, le brave chef d'une unité éloignée de quatre cents mètres, qui dans sa sape rédigeait placidement quelque rapport, voyait sa bougie s'éteindre, son encrier bondir, ses boiseries gémir à deux reprises.

Il fut si fort ému qu'il téléphona au G. Q. G. : « Intense bombardement de 420. »

Et pendant ce temps-là, car le mark baissait toujours, les Boches, croyons-nous, télégraphiaient aux peuples neutres : « Notre artillerie lourde à grande portée vient, par un tir réglé avec précision, de faire sauter sur notre front de Champagne, deux énormes dépôts de munitions accumulées en vue d'une prochaine attaque. »

Il n'avait pas fallu une demi-heure à la 102 pour réaliser tout cela!

ENCORE LE CAPITAINE

La situation du capitaine, je l'ai déjà dit, ne fut pas au début des plus commodes :

Plusieurs commandements se disputaient l'autorité sur nous; la technique de notre arme, totalement ignorée, amenait parfois des ordres inexécutables ou contradictoires. Le capitaine prit à cœur ses fonctions, marqua les frontières des pouvoirs, posa les principes d'utilisation, sans aucun souci de la galerie, chose bien rare. Il le faisait d'ailleurs à sa façon.

C'était vraiment comique de l'entendre, avec une bonhomie respectueuse, mais légèrement ahurissante, dire à quelque

« grosse huile », tout en lissant de sa main étendue les cheveux totalement imaginaires de son luisant occiput :

— Je le sais bien, je ne puis avoir raison, moi le méchant petit officier de territoriale, inspecteur d'assurances de son vrai métier. Avec deux pauvres ficelles sur les bras (il n'était que lieutenant alors), je suis obligé d'être mangé à la première sauce venue. Mais je suis coriace! Je ne me laisse pas croquer en silence. Tant pis, le général m'a confié un poste, je ne l'ai pas demandé, j'y suis, j'y reste ; tant que j'y serai je dirai tout ce que je pense. Je suis là pour cela. Quand on en aura assez, vous me renverrez à mes canons lourds et je ne pleurerai pas! Si vous voulez ma place?...

D'autres fois, dans un flot abondant de paroles, vrais clichés stéréotypés, revenaient un certain nombre de principes, qui firent leurs preuves.

Sans trêve, à propos de rien, à tout le monde, il les ressassait, « il les faisait entrer ».

Mais il fallait voir l'œil désespéré de tel ou tel officier du Q. G., qui l'appréciait cependant, quand il nous voyait pénétrer dans son bureau!

L'heure qui tournait ne faisait pas tarir la source des mots. Il n'osait nous mettre à la porte, mais comme je lisais bien, en riant sous cape, dans son regard : « Radoteur, rasoir, va-t'en donc! »

Et s'il avait pu voir, derrière la porte à peine fermée, sur le palier, le capitaine se frotter les mains! « Hein, je les barbe, je passe pour un abruti. Mais croyez mon expérience ; ça entre, ça entre, et nos crapouillots font du bon, du vrai travail, sans pertes idiotes. »

Et c'était vrai! Demandez plutôt à ceux qui furent, à l'époque, de l'autre côté des fils de fer dans le secteur, s'ils nous « gobaient ». Un prisonnier qui fut, pendant cinq minutes, pour une cigarette, mon copain, m'engagea, le jour où je serais pris, à jeter mon brassard au plus vite.

Longtemps nous crûmes que le patron avait le trac, tant il accumulait de demandes d'ordres écrits et précis pour la moindre action où nous étions engagés. J'étais venu comme volontaire, aussi ça me mettait hors de moi de perdre parfois, par sa faute, de bonnes occasions de cogner. Je détestai alors cordialement le capitaine.

Un jour vint qui me convertit. On lui donna toute liberté d'action. Dès lors, sans marchander, il prit notre tête et si les balles et les obus le respectèrent, ce n'est certes pas faute d'avoir été bien souvent où ne l'appelaient ni son commandement ni son âge.

Pour ceux qu'il n'aimait pas, le patron avait le coup de boutoir terrible et une dangereuse franchise. Malheur en particulier à ces « embusqués de l'avant » qui se tiennent adroitement en marge des zones dangereuses et qui cependant ont tout vu, tout fait.

Quelques paroles cinglantes, dites en public, les yeux dans les yeux et que ses victimes devaient avaler en riant jaune, allumaient en leur cœur une source de colère, qui faisait notre joie et nous vengeait joliment.

Mais ce qui était dit l'était sans méchanceté, son cœur était d'or et je ne crois pas que jamais il ait manqué de rendre spontanément un service à ceux-là même que, l'instant d'auparavant, il avait le plus rabroués ou dont il avait eu le plus à se plaindre.

Par exemple, le patron avait deux

manies, deux maladies si vous voulez.

Il inventait des instruments.

Il construisait des cantonnements.

La première l'occupait. La seconde occupait ses poilus et, ma foi, les instruments, peu à peu généralisés, ont rendu de grands services, et sa manie de la bâtisse fit souvent notre vie confortable et aida fort les crapouillots à garder une sagesse relative en occupant leurs loisirs.

Mais que d'histoires avec ses lieutenants, le génie, l'intendance, les pontifes de l'arrière. Un volume ne les contiendrait pas; toujours son offensif entêtement finissait par entraîner les volontés, subjuguer les oppositions.

Un joli mot, un peu gaulois, me fut dit par un poilu. Pour ne point trop scandaliser les cœurs chastes, je n'en écrirai même pas la première lettre; mais ceux dont la pudeur aura été quelque peu émoussée par la guerre en saisiront la saveur.

Un jour que le capitaine, présidant à la construction de sa cagna, donnait une foule d'indications plus astucieuses les unes que les autres, mon poilu me dit à mi-voix :

— Mon lieutenant, le père R..., c'est-y un ingénieur?

— Non, mon vieux, pourquoi?

— C'est pourtant pas un...! — Et il s'en alla rêveur.

Je pense comme mon poilu!

COMMENT IL SE VENGEA

Le capitaine l'avait toujours sur le cœur; parfois il nous en parlait. Cependant, cela remontait tantôt à huit mois, au temps où dans une formation de seconde ligne, par suite de l'immobilisation des fronts, il menait une vie tranquille et sans danger.

Un jour le commandement avait demandé d'urgence un lieutenant pour assumer, dans un secteur assez délicat, les fonctions intéressantes mais fatigantes et exposées d'observateur d'artillerie en première ligne.

Il n'y avait alors dans la formation que deux lieutenants : celui qui devait devenir mon chef et un jeune homme, comptant bien quinze printemps de moins, qui un an ou deux avant la guerre avait quitté l'école militaire de Fontainebleau pour entrer dans l'industrie.

Solide, instruit des derniers principes de l'art du canon, il fut tout indiqué pour le nouveau poste. D'ailleurs, officier d'active démissionnaire, sans doute était-il, au bout de quatre mois de guerre, quelque peu honteux de sa présente inaction et devait-il brûler de justifier le deuxième galon donné à sa jeunesse et que tant de ses camarades d'école avaient arrosé déjà si généreusement de leur sang... Enfin, — le monde est si méchant! — ce départ ferait bonne justice de médisants qui affirmaient que son maintien — extraordinaire évidemment — loin du feu n'était dû qu'à de hautes et peu militaires influences!

Son nom fut donc inscrit sur l'ordre de départ. Notre héros blêmit et...

Ce qui explique comment, quelques heures plus tard, un trait de plume envoyait à la tranchée le territorial et laissait l'autre à sa noble sécurité.

Avant de partir, ai-je besoin de vous le dire, le honteux papier raturé à la main, mon capitaine s'en fut dire un bref mais énergique au revoir à son camarade qui, un peu gêné, jura ne' rien comprendre, désirer ardemment aller au feu, mais être, Dieu merci, assez militaire pour ne solliciter quoi que ce fût et surtout pour ne point s'insurger contre une décision de l'autorité.

Or, voici que le hasard des combats, au lendemain de chaudes journées, ramena près de nous cette formation.

Comme il avait gardé là d'excellents amis, le capitaine, un beau soir, nous y emmena dîner, mon camarade et moi.

Le repas fut d'autant plus charmant que le lieutenant n'y était pas. Dédaigneux, il mangeait seul. Naturellement on reparla de l'histoire ancienne et nous apprîmes que, toujours avec la même calme impatience, il attendait l'ordre qui permettrait à son pays d'utiliser ses connaissances et à lui d'étonner le monde par sa bravoure... Cet ordre ne venait pas... Ah! s'il n'avait pas été si militaire!

La vengeance! Nous la tenions!

Sitôt la nuit (le solitaire se couchait comme une poule), nous fûmes en bande frapper à la porte de sa cagna.

A peine a-t-il ouvert que le capitaine lui saute au cou...

— Tu me reconnais? Tu sais, tout est oublié! Je retire tout ce que je t'ai dit au départ. C'est très chic, ce que tu fais là! Puisque maintenant nous sommes appelés à vivre côte à côte, et sans doute quelque jour à mourir ensemble, nous sommes copains!

Les yeux ronds, la bouche ouverte, l'air abruti, le lieutenant n'y était pas du tout. Machinalement, il nous abandonnait une main molle et moite qu'avec un frénétique et jovial enthousiasme le capitaine et nous secouions à tour de bras.

— Mais, je...

Mon capitaine lui frappa sur le ventre.

— Modeste farceur, puisque tu viens comme volontaire!

A ce mot, il sursauta, flairant une plaisanterie stupide.

— Explique-toi? je te jure...

— Fumiste! Eh bien, messieurs, il paraît que c'est une surprise. Le lieutenant a demandé et obtenu de prendre demain le commandement de la batterie de crapouillots dont tous les officiers ont été tués lors de la dernière attaque et qui, depuis huit jours, est en subsistance chez nous.

— Mais, rugit le lieutenant, c'est une erreur...

— Ah! non, interrompit sérieusement le capitaine. Nous avons vu ce soir ta mutation signée chez le général commandant l'artillerie et c'est comme volontaire que demain tu entres en fonctions! Ça a plu beaucoup...

— Mais au contraire, j'ai refusé!

Effectivement, trois jours plus tôt on avait demandé un volontaire pour commander la malheureuse unité. Naturellement, on avait proposé au héros, mais... ses principes militaires... il n'avait rien voulu demander.

— Dommage, c'eût été chic, reprit avec aplomb le capitaine. Probablement qu'obligé de désigner quelqu'un d'office, ton colonel aura eu la bonne idée de t'indiquer comme volontaire... Et puis, zut! ça n'a pas d'intérêt, tu es nommé, tu es nommé! Le général nous a même dit de te prier de passer le voir demain à une heure. Naturellement, tu déjeunes chez nous auparavant. D'ailleurs, tu es notre hôte, toi et ta batterie, jusqu'à installation. Ce soir, il y a autre chose à régler : on boit le champagne! Ça s'arrose, un baptême de crapouillot! D'autant plus que, pour ta récompense, je vais t'annoncer une bonne nouvelle. En voyant que tu étais passé à « Bleau », le général s'est écrié :

« Ce qu'il a dû s'embêter depuis treize mois! Comment a-t-on pu l'oublier? On pourra le nommer capitaine à la première promotion, ça vaudra mieux pour l'unité, et il doit en avoir l'étoffe. »

— Donc, mon capitaine, doubles félicitations. Mets ta culotte, et hop! à la cave...

Il était là, pantelant, comme une loque devant tous ses camarades, en caleçon sur le pas de sa porte, la figure livide et la voix chevrotante tant il claquait des dents.

Il rentra s'habiller; nous le suivîmes; il était si visiblement atterré que, dégoûtés, nous nous sentions envahis par une véritable rage tortionnaire; tous les détails terribles ou macabres, vrais et faux, lui furent présentés avec surabondance : nos canons éclataient, des torpilles, au moindre choc, nous sautaient dans les mains, les poilus étaient tous de dangereux bandits. Que ne dîmes-nous point des mines, des bombardements, des gaz asphyxiants et des liquides enflammés, et des Boches qui ne faisaient aucun quartier aux crapouillots en cas d'attaque! Il dut s'appuyer pour ne pas tomber et, par instant, il épongeait la sueur froide qui lui perlait au front.

Nous crûmes cependant, au bout d'un moment, saisir qu'il se prenait un peu et, dans ses yeux éperdus, une lueur d'espoir parut briller. Mais le capitaine veillait au grain... il prit un air contrit.

— Il faut que je te confesse une chose; tu sais si je suis bavard et si j'ai le cœur sur la main. Eh bien, tout à l'heure, quand j'ai vu ton nom comme volontaire, je n'ai pu m'empêcher de raconter au général ce qui s'est passé jadis entre nous, quelle infamante accusation j'avais portée sur toi; je lui ai confessé que j'avais cru que c'était toi qui avais fait intervenir de hauts personnages pour faire rayer ton nom et mettre le mien en place. Sur le moment il était furieux, il tempêtait, il disait ce soupçon indigne. Il disait que si c'était vrai tu méritais d'être fusillé, que lui n'eût pas « marché », quitte à perdre « ses étoiles ». Je lui ai fait remarquer que la meilleure preuve de mon erreur et de ta grande bravoure éclatait dans le fait même que tu demandais à prendre volontairement rang auprès de moi. Je t'en parle, parce que sans doute, demain, il t'y fera allusion.

L'espérance avait fui et, dans la cagna toute basse, nous aperçûmes, à la lueur tremblotante de la bougie, un pied, un pied fort sale d'ailleurs, que dans son trouble, il s'obstinait à enfiler dans la poche de sa culotte.

Il sortit; ses camarades l'entouraient, le félicitaient joyeusement, lui recommandaient de ne point les oublier surtout, si, quelque jour, il avait besoin de subordonnés!

Lui, cependant, hagard, bafouillait, répondait par monosyllabes, étranglait.

Quand il eut bu une lampée du vin généreux, il retrouva un peu de force, se rendit compte de son air lamentable et s'efforça de faire bonne contenance.

— Que faites-vous dans le civil? demanda-t-il à mon camarade.

Il tombait mal, là encore la batterie était préparée. Toutes les conversations se turent, tandis que, sournoisement, je lui soufflais à l'oreille... un peu trop tard, en lui bourrant les côtes.

— Taisez-vous, malheureux, pas en public, c'est la gaffe !

Il me considéra, stupide, mais rougit jusqu'au blanc des yeux, quand, avec des contorsions de demoiselle qui va au bal pour la première fois, mon camarade laissa tomber dans le silence général :

— J'ai pantouflé dans une compagnie de vidange à vapeur !

Mon impitoyable capitaine accentua l'effet en repêchant le lieutenant, paternellement.

— Qu'est-ce que vous voulez ! il n'y a pas de sot métier... ça ne l'empêche pas d'être très brave !

Et il y eut un nouveau silence qu'au

bout d'un instant mon camarade, avec effort, sembla-t-il, rompit, pour vanter ce que notre rôle avait de splendide pendant la bataille et pour engager froidement le futur capitaine à renvoyer chez lui une partie de ses affaires :

— De la sorte, finit-il, ce sera toujours cela de perdu en moins, le jour où tu seras zigouillé !

Quand là-dessus on vida la dernière coupe, notre nouveau confrère en répandit une bonne moitié et s'étrangla à plusieurs reprises.

Comment n'avons-nous pas étouffé de rire, je me le demande encore.

— A demain, à déjeuner ! Nous t'accompagnerons chez le général !

Et nous partîmes.

Jamais nous ne l'avons revu, car au moment où il mettait le pied à l'étrier, des éclats de rire lui firent voir clair...

Pas même sa carte...

Après cet affront — vous me croirez si vous voulez — il continue à attendre un ordre!

Mais nous sommes fameusement contents qu'il ne soit pas crapouillot!

A LA CLOCHE DE BOIS

Le crapouillot est un bon enfant, mais ce n'est pas une raison, dit-il, pour qu'on le prenne pour une poire duchesse !

Lorsque le premier hiver fut enfin terminé, une sage circulaire enjoignit aux commandants d'unité d'avoir à faire construire d'urgence des écuries confortables pour y abriter leurs chevaux pendant la belle saison. Ils n'avaient qu'à faire des demandes de matériaux, moyennant une honnête paperasserie et pas mal de patience, ils toucheraient tout ce qu'il faudrait.

Notre capitaine bondit sur cette occasion de donner libre cours à sa manie de bâtir et, pendant trois jours, il fut par monts et par vaux, se démena, força les portes, enfreignit les consignes, brûla les étapes et se trouva bientôt à la tête d'un monceau de planches et de carton bitumé.

Quinze jours après, tous nos chevaux mangeaient dans une auge, sous des auvents bien organisés en fer à cheval; un spacieux magasin à fourrage et une belle sellerie démontable, l'orgueil de notre adjudant, complétaient l'installation.

Ceux qui n'en revenaient pas, mais pas du tout, c'étaient les artilleurs nos voisins de cantonnement; ils se pâmaient de jalousie de voir nos biques reprendre peu à peu du poil et du rein, alors que leurs tréteaux continuaient de sécher à la corde.

La « grosse huile vétérinaire » nous citait en exemple à vingt lieues à la ronde, et de vingt lieues on venait voir l'écurie des crapouillots, unique en son genre jusque-là.

Ça ne pouvait pas durer. Un jour, les hommes, inquiets, virent le commandant des voisins errer le cigare aux lèvres et l'air dangereusement candide dans le cantonnement. Le lendemain, il revint encore et parut prendre un prodigieux intérêt au détail de l'aménagement des écuries. Le surlendemain, il vint derechef, flanqué d'un capitaine et l'air beaucoup moins placide, un mètre à la main; on l'entendit discuter âprement la future place de ses chevaux.

Aussi ne fûmes-nous pas fort surpris, quand, un matin, un ordre nous arriva, qui nous expliquait que, subitement, le cantonnement était devenu trop « resserré » et que, pour l'élargir, nous étions invités à aller camper ailleurs, en pleins champs, dans des gourbis de terre, ruinés par la pluie, délaissés depuis tantôt six mois, pleins de poux et de rongeurs.

Le capitaine tempêta très fort d'abord : c'était un peu son habitude ; il partit ensuite dare dare trouver le grand chef qui nous avait enfantés et écoutait volontiers nos doléances. Deux heures après, il revint un sourire narquois sur les lèvres.

Sur les seize heures, le commandant rencontrant, par pur hasard, au détour d'une rue, le patron, lui tint à peu près ce langage :

— Au fait, vous partez demain. Il me faut la place vide pour huit heures ; comme je me défie de vos crapouillots et, qu'à cause du général, je veux un cantonnement absolument propre, je vous prie de veiller personnellement à ce qu'il ne reste pas un crottin, vous entendez bien, pas un !

Et parachevant ses ordres avec une délicate ironie, il dit :

— Vous serez peut-être un peu mal, au début, dans votre nouveau cantonnement, mais vous serez bien plus au large, nous aussi, et avec un peu de travail, tout sera vite réparé.

— Affaire de quelques heures, en effet, mon commandant! répondit notre capitaine avec une urbanité aussi charmante que, je crois, imprévue : mes hommes travaillent très volontiers. Je vous donne ma parole que demain à huit heures, il ne restera plus un crottin!

Et, sur une cordiale poignée de main, on se quitta fort bons amis.

Le capitaine se frottait les mains et s'en fut présider au déménagement de tout le matériel le soir même...

Le ciel se couvrit, la nuit vint, une nuit à ne pas voir à deux pas. Tout dormait...

Minuit, l'heure des crimes, sonna. Des ombres furtives coulèrent le long des maisons et comme la pluie, une pluie diluvienne de nuit d'été commençait à dégringoler, les crapouillots se mirent à « nettoyer le cantonnement ».

Avec la frénésie de diables en sabbat, scies, marteaux, ciseaux et tenailles grinçaient, claquaient, mordaient... Les chariots de parc lourdement chargés partaient au trot et revenaient vides au grand galop.

Lorsque l'aurore toute rose de vapeurs parut à l'horizon, une équipe profitait des dernières gouttes d'eau pour donner le dernier coup de balai. Puis le dernier crapouillot quitta l'inhospitalière contrée.

Quand, à huit heures sonnant, en longue théorie, les deux cents canards d'une batterie s'en vinrent prendre possession de leurs abris mal acquis, même à la jumelle, grossissement 16, un soupçon de crottin ne put être découvert — pas plus d'ailleurs que le moindre vestige d'écurie !

Et pendant ce temps-là, à quelques kilomètres, trempés comme des soupes, mais rigolant à gorge déployée, les crapouillots rassemblaient les fermes et rentassaient les broches.

« Avec très peu de travail », quelques jours après, les écuries, transformées en baraquements, se dressaient à nouveau, plus insolentes que jamais, à la place des gourbis pouilleux.

LE GENDARME EST SANS PITIÉ

Après les heures de misères morales et physiques que l'on passe aux premières lignes, il faisait bon se « détendre », comme aimait à dire le capitaine, et pour bien amalgamer les éléments si hétérogènes de notre unité, il n'y avait rien de tel, après les combats, que les fêtes. Sport, jeux forains, art lyrique, fournissaient des programmes très sortables. Mais le clou de nos réunions c'était assurément la partie nautique... qui dit crapouillot, dit un peu batracien.

Et le clou de ce clou était assurément Bruno dans ses exercices. Voyez plutôt.

Un jour que nous, les trois officiers, et

une partie de la population spécialement invitée, nous nous amusions à suivre du haut d'un pont une course au canard très disputée, Bruno monta nous rejoindre, paraissant abominablement gris; il se mit incontinent à faire du scandale.

Il avait trouvé spirituel de se mettre en « tenue de campagne ». Rien ne lui manquait : sac au dos, musette et bidons en sautoir, képi sur l'oreille, baïonnette au côté, mousqueton au poing. Il parlait, gesticulait, faisait un vacarme infernal :

— Puisque je vous dis que je veux parler au capitaine. C'est urgent, je veux lui parler.

Sans se retourner, le capitaine répondit :

— Va cuver ton vin !

L'autre se rebiffa :

— Moi, du vin ! C'est pas celui de l'ordinaire qui m'a saoulé, sans doute. On pourrait en boire un demi-muid qu'on serait encore à jeun. Le chef met trop d'eau dedans !

Ça se gâtait. Le capitaine reprit :

— Allons, fiche-moi le camp, va dormir ou je te fais mettre à l'eau pour te dégriser.

— Eh bien, tenez, je veux bien, brava le poilu entre deux hoquets. Comme ça, vous verrez que je ne suis pas moins saoul après qu'avant.

Sans sourciller, le capitaine se tourna vers deux canonniers, qui, par hasard, se trouvaient justement là, et, avec un flegme affolant, leur ordonna :

— Par-dessus bord.

Une... deux... Le corps pantelant franchit le parapet et s'abîma du haut du pont dans le canal.

Muets de stupeur, les yeux agrandis par l'épouvante, les assistants virent quelque chose d'affreux.

A l'endroit où venait de s'abîmer le malheureux, une main se montra, une main crispée, s'agitant désespérément pour saisir; elle s'enfonça, reparut encore... un remous rida la surface... puis l'eau glauque, refermée sur sa proie, reprit son calme sinistre...

Nos invités étaient atterrés; les femmes poussaient des cris d'indignation; d'autres pleuraient; les gosses piaillaient et nous... nous, sans cœur... nous pouffions, car soudain, loin, bien loin parmi les roseaux du canal une tête émergea prudente et rieuse...

Quelques secondes plus tard, il était sur le pont, pas saoul du tout, s'ébrouant comme un barbet et faisant fuir à notre grande joie, loin de son contact humide, les belles indigènes endimanchées.

Soudain il se frappa le front.

« Mince! et mon flingue que j'ai posé en bas! »

Et d'un trait agrémenté d'un double saut périlleux, il piqua une tête et reparut presque instantanément, son mousqueton à la main.

Ce fut du délire.

Il devint célèbre dans toute la région : comme une manière de phénomène ; les moutards le regardaient avec crainte, les femmes avec admiration et lui souriaient volontiers. L'histoire ne dit pas s'il en profita, mais il eut assurément des jaloux.

J'ignore si parmi ceux-ci il faut ranger les estimables gendarmes, nos voisins de cantonnement. Ce qu'il y a de sûr, c'est qu'ils vouèrent à Bruno une haine acharnée.

Je dois avouer, d'ailleurs, qu'il possédait d'autres titres à être la bête noire de la maréchaussée nationale.

Beaucoup de crapouillots, à force de

manier des tonnes de cheddite, se laissent aller à en chiper un peu à l'État et en confectionnent des pétards. Avec ceux-ci, la pêche devient un jeu d'enfants — un jeu de grands enfants — abominablement dangereux et comme de juste formellement défendu.

La plupart de nos crapouillots, avec une correction pleine de délicatesse, mettaient de la décence à tromper la surveillance et s'en allaient sans remords pêcher en Meuse jusque sous les canons de Saint-Mihiel où personne, hormis les Boches — et encore combien peu — ne songeait à les inquiéter.

Mais Bruno, lui, n'avait aucune pudeur — il exagérait ; — quand ça lui chantait, il lançait ses pétards en plein canal, à deux cents mètres du village, sous le nez de la division, à la barbe de la gendarmerie.

C'était un scandale ; on décida sa capture. Un plan sournois fut astucieusement élaboré pour le pincer en flagrant délit.

Dès l'aube, Pandore, à qui son flair avait fait, en moins de trois jours d'astucieuses observations, découvrir le « trou » préféré du poilu, s'embusqua, les yeux bien fermés, derrière un petit peuplier en amont, tandis qu'en aval, les yeux également bien clos, son brigadier se collait le long de la pile du pont de V...

Bruno arrive bientôt, sifflant comme toujours un vieux refrain parisien; son maillot rouge et noir moule à merveille son torse solide, une ceinture de cuir retient autour de sa taille « bien balancée » un mince pantalon de treillis; il est pieds nus; à la main, il a son épuisette, en sautoir il porte sa musette où les pelotes du dangereux explosif sont tout amorcées.

Naturellement, la première chose que

remarqua le poilu, ce fut la double embuscade.

Négligemment, il mit sa ceinture dans sa poche et déboutonna l'unique bouton de sa culotte.

L'air est pur, le ciel bleu, le soleil rit dans l'eau limpide sous les peupliers qui frissonnent au souffle frais du matin.

Poum, poum, poum! trois coups assourdis, trois pétards viennent d'éclater au fond de l'eau; un remous... et les ventres blancs des poissons assommés par la commotion commencent à zébrer les glauques profondeurs.

Bruno étend la main pour saisir l'épuisette, quand soudain, il dresse l'oreille, se retourne et aperçoit le danger qui fond sur lui et lui coupe, en aval comme en amont, toute retraite sur le chemin de halage.

Un sourire narquois erre sur ses lèvres :

« Non! Mais que ça! »

Jeunes lectrices, tournez la page ou mieux lisez tout de même et, suivant un vieil usage, rougissez de pudibonde et charmante manière, car je dois à la vérité de ne rien céler de ce qui fut.

En un tour de main, maillot et treillis sont mis bas et roulés.

Puis, nu comme le ver de terre, Bruno se laisse glisser dans l'onde ; en deux brasses, sans effort, il gagne l'autre rive, pose le paquet de ses vêtements qu'il a tenu hors de l'eau et, paresseusement, sans pudeur, sous l'œil abasourdi des gardiens de la vertu publique, il étend sur l'herbe moelleuse de la berge son gracieux corps bronzé où les perles d'eau ruissellent au soleil...

Et tandis que, modestement, les deux gendarmes s'en retournent à la gendarmerie, poum! poum! poum! trois nouvelles détonations apprennent aux représentants de l'autorité que la séance continue sans eux.

Mais le gaillard est vindicatif; il résolut de tirer vengeance, et il la tira.

Un jour donc, sur le bord du canal, en pleine pêche, il se fit pincer.

Appréhendé par une poigne vigoureuse, il se laissa docilement emmener sur le chemin de halage; son allure penaude de renard empiégé contrastant de la plus amusante façon avec l'air rayonnant du prévôt, plein de fierté de sa capture :

— Allez, mon ami, votre compte est bon, lui disait Pandore avec une urbaine bonhomie.

Soudain, Bruno s'arrêta pile, son visage se fit humble et suppliant :

— Monsieur, dit-il d'une voix qui chevrotait d'émotion tandis que ses yeux papillotaient prêts à pleurer, je vous supplie, ne me menez pas ainsi comme un malfaiteur; songez donc, tout le monde va me prendre pour un déserteur ou pour un satyre!

Mais, chacun le sait, chacun du moins de ceux de mes lecteurs qui furent arrêtés en leur vie, le gendarme est sans pitié.

Celui-là eut le fin sourire :

— Je ne suis pas une poire, fit-il, ça ne prend pas! La rouspétance est inutile! Allons, ouste, votre compte est bon. Je vous tiens, je vous garde!

Et, ce disant, une seconde poigne de fer s'incruste dans le bras du misérable.

Cramoisi, affolé de honte, il se laissait traîner :

— Non, non, pitié! balbutiait-il.

Arc-bouté, les forces décuplées par son triomphe, le brave gendarme halait sa victime, comme un mulet sa péniche.

Soudain, au moment d'un puissant effort, Bruno cessa brusquement de résister et Pandore, entraîné par l'élan, peut-être aussi un tantinet aidé par son prisonnier, s'assit les quatre fers en l'air... en plein milieu du canal!

Quand, ayant consommé sa ration d'eau pour au moins quarante-huit heures, soufflant, crachant, ruisselant, il se retrouva sur la berge, il aperçut, au travers des picotements de ses paupières, Bruno qui, leste comme un cabri, faisait des pirouettes sur l'autre rive et lui criait gentiment :

— Allez, mon bon ami, votre compte est bon! Je ne suis pas une poire. Ça ne prend pas!

Hélas! ce que l'astuce de la prévôté ne put, une noire trahison le réalisa.

Bruno pêchait pour l'art autant que pour le lucre.

S'il se faisait modestement rétribuer ses belles pièces, il en donnait facilement aux copains; mais, au poids de l'or, il en refusait à ceux dont les têtes ne « le bottaient pas ».

Parmi ceux-ci, il y avait un maréchal des logis d'un régiment de campagne cantonné dans le même village.

Pourquoi donc le poilu qui fournissait avec joie de nombreuses tables d'autorités et même — sans qu'elle s'en doutât — puis-je trahir ce secret? — la table de la gendarmerie, refusa-t-il net de vendre à ce margis un superbe brochet?

J'en ignore... histoire de cotillon? peut-être.

En tout cas, certes, il eut raison, puisque celui-ci avait une âme de Judas et par conséquent totalement indigne de manger le poisson d'un honnête cœur de crapouillot.

Or donc, notre sous-officier s'en fut trouver la maréchaussée et lui livra son ennemi en dénonçant lâchement le lieu où le pauvre garçon cachait à nos investigations la cheddite dérobée.

Quand donc, sans penser à mal, le gas se présenta, main lui fut mise au collet; il fut aussitôt, suivant l'usage, copieusement passé à tabac, puis incarcéré et comme, la veille, un maladroit s'était tué en pêchant à la cheddite, le général résolut de faire un exemple terrible et salutaire en le traduisant en conseil de guerre.

Mais chez nous, tout le monde est solidaire.

Aussitôt averti, le capitaine courut réclamer la grâce de son poilu.

Longtemps il parla, vantant la bravoure de Bruno, l'impossibilité de le bien remplacer pour la prochaine affaire, les services qu'il avait déjà rendus.

Ce fut en vain, il fallait un exemple; le cœur du général, cependant fort bienveillant d'ordinaire, demeurait de pierre.

Alors, tel les avocats de génie aux moments critiques de l'audience, le capitaine eut une audacieuse mais émouvante inspiration.

— Mais au fait, mon général, vous serez le principal témoin !

— Hein !

— Mais oui, mon général, je sais que vous aimez bien le poisson. Vous en avez mangé cette semaine, la semaine passée, souvent... depuis des mois ! Or... le fournisseur de votre cuistot...

— C'est ?

— C'est Bruno !

— Aïe !

Je crains que le cuistot du général n'ait

eu « un shampoing » soigné ce soir-là, mais la levée d'écrou fut signée sur l'heure.

Bruno jura de ne plus jamais pêcher, mais comme tout pêcheur endurci, repêcha dès le lendemain ! m'a-t-on dit.

Que voulez-vous ! Pour témoigner sa reconnaissance au capitaine, il ne trouva rien de plus seyant que le plus joli barbillon de la Meuse...

LA MORT N'EST RIEN...

Certes, il est bien doux de vivre, mais il est des instants en guerre où vraiment mourir n'est rien.

Le grand jour pour nous approchait. Fébrilement, nos hommes, travaillant sans trêve ni repos, avaient taillé dans la craie de Champagne les trous où nous nous blottirions pour la grande attaque.

Si nos cœurs battaient d'orgueil à l'idée qu'on nous réservait un rôle dans la grave partie qu'allait jouer la France, nous savions que de nous dépendrait pour beaucoup le succès de la journée et tous, depuis le capitaine jusqu'au dernier des cuistots, nous étions décidés à payer sans compter de notre personne et bien prêts à offrir, s'il le fallait, notre vie pour l'honneur de notre arme.

Le village s'éveillait à peine que déjà les corvées fourmillaient et c'était plaisir de voir l'allure martiale des coloniaux nos compagnons; ils parlaient volontiers de la lutte prochaine et dans leurs yeux brillaient des flammes.

J'allais à la messe; la veille, j'avais écrit quelques lignes aux miens, suprême adieu que je devais laisser sur ma table et que mon ordonnance enverrait si j'étais tué.

Je voulais maintenant me mettre en règle avec Dieu, pour n'avoir le lendemain, pendant la bataille, d'autre souci que de crever avec mes torpilles les fils de fer boches et d'ouvrir la route à l'assaut.

Pauvre église, les obus l'avaient bien meurtrie; de son clocher démantelé, les deux cloches étaient tombées devant l'autel, la voûte béait à maintes places, et comme des pierres s'en détachaient de temps à autre, des cadres en lattes écartaient les fidèles des endroits dangereux.

Dans ces ruines tragiques que la lointaine canonnade emplissait de son fauxbourdon, sur des autels de campagne des prêtres, dont l'uniforme s'apercevait sous les dentelles de l'aube, offraient le divin sacrifice. Pressés autour d'eux, pêle-mêle, des officiers, des soldats confondus devant leur Dieu, priaient. Mais de ces prières s'exhalait, on le sentait, quelque chose d'inaccoutumé et de grandiose qui frappait dès l'abord.

A la veille d'une bataille, le soldat chrétien ne demande pas de vivre, il demande simplement de n'avoir pas peur et si la volonté divine est qu'il meure, il demande à bien mourir. Aussi point de masques blêmes de suppliants, mais de beaux visages mâles et calmes, des yeux qui par delà les combats d'un jour de victoire voient déjà, toute proche, luire l'éternelle paix.

Avec eux, je m'approchais de la table sainte... et voici qu'au moment où le prêtre vint à moi, un coup sourd ébranla l'air. Ce coup, nous le reconnaissions tous : c'était le départ d'une pièce longue qui tirait de très loin sur le village. Le sifflement commença imperceptible d'abord, bientôt allant crescendo; le coup était pour nous.

Pas un des assistants n'avait bronché, la main du prêtre ne tremblait pas, mais comme le bruit croissait, sa voix se faisait plus forte et continuait de dominer l'ouragan d'acier :

« *Corpus Domini nostri Jesu Christi.* »

Et mon âme de croyant, priant comme jamais elle ne l'avait fait, éperdue d'une folle émotion de bonheur, chantait : « Qu'ai-je donc fait pour mourir d'un obus en plein corps et mon Dieu sur les lèvres. »

Avec un fracas formidable, l'obus éclata en l'instant où je recevais l'hostie, des éclats claquèrent sur les piliers, des pierres tombèrent de la voûte, mais ce fut tout; trop court de deux mètres, il avait manqué l'église.

Je me relevai, regrettant la mort au divin banquet, mais je me sentais étrangement fort et prêt à bien me battre.

AMES DE FRANÇAIS

Voici une page sublime que je transcris telle que notre capitaine la reçut un jour :

« Mon capitaine,

« Sans nouvelles de mon fils, vous trouverez je pense tout naturel que je m'adresse à vous.

« Je ne puis dire que nous ne savons pas déjà que penser car, dans les glorieuses mais si tristes circonstances que nous traversons, un manque de nouvelles, surtout quand celles-ci étaient relativement régulières, est significatif.

« C'est avouer que notre sacrifice est

pour ainsi dire consommé et que nous n'avons jamais eu qu'un bien faible espoir d'entendre de sa bouche même le récit des grandes choses dont il a pu être tout à la fois et acteur et témoin.

« Notre seule consolation et ce que nous désirons par-dessus tout, c'est être informés, si le destin nous l'a ravi, comment Il est parti.

« Sa mère et moi nous vous serions donc vivement reconnaissants si vous vouliez bien nous faire connaître ce qu'il en est.

« Ne craignez pas de nous dire l'exacte vérité, car nous aussi nous sentons battre dans nos poitrines des cœurs de Français.

« Avec notre foi en la victoire finale, veuillez... etc. »

. . . .

Rousselot, mon vaillant petit camarade, en recopiant ces lignes d'un Père et d'une

Mère dont tu étais bien digne, ton lieutenant se prend à pleurer comme, il y a plus d'un an déjà, au jour où nous t'avons perdu.

C'était un beau soir de combat où tu t'étais bien battu, une torpille sur l'épaule tu marchais, le front haut, en tête de tes servants, ravitaillant ta pièce par les boyaux où sifflaient les balles...

Dieu, en qui tu croyais, t'a demandé ta jolie âme de soldat volontaire au poste dangereux, en rançon, sans doute, de la victoire de tes frères et peut-être aussi pour qu'aux heures plus périlleuses, une invisible main d'ami nous protégeât un peu spécialement de Là-Haut.

EN BATTERIE

Un ordre vient d'arriver, qui nous tire en sursaut du repos, bien gagné pourtant par un mois d'efforts continus, où nous vivions depuis vingt-quatre heures.

Tandis que mes deux compagnons partent en reconnaissance, je fais les préparatifs de départ, rafistole les canons, approvisionne en torpilles.

A leur retour, tout est prêt. Nous tenons un rapide conseil de guerre; nous devons aller nous installer, avec dix pièces et sept cents torpilles, à 200 mètres de la dernière tranchée boche et être en état de tirer demain à l'aube.

C'est le travail de huit jours à effectuer

en huit heures avec du personnel à bout de forces et c'est une folie, car le seul chemin d'accès est la grand'route que, sur plus de 4 kilomètres, prend d'enfilade l'artillerie ennemie.

Mais on compte sur nous; nous allons donc tenter l'impossible : au lieu de porter munitions et canons à dos d'hommes, comme à l'ordinaire, pendant la dernière et la plus dangereuse partie du trajet, nous irons jusqu'au bout avec les seize chariots de parc : sauteront ceux qui sauteront, mais les autres arriveront!

J'emmènerai la colonne, mes deux compagnons iront préparer la place.

« Les gradés sur moi! » Maréchaux des logis et brigadiers m'entourent; voici les ordres, ils sont simples : chacun à sa voiture, chacun pour soi, ne pas secourir le voisin en cas d'accident, arriver à n'importe quel prix.

J'ai le plaisir de lire dans les yeux que l'on m'a pleinement compris, et l'on part.

La nuit est noire comme de l'encre, la pluie cingle fine et glaciale; par instants, les crêtes de l'horizon s'illuminent de fusées blanches. Derrière moi, à 20 mètres les unes des autres, roulent les voitures cahotées par les trous qui crèvent la route. Les ailerons des torpilles font un bruit sourd de ferraille qui doit résonner au loin. On entend des coups de feu et des explosions de marmites; j'en vois deux ou trois percuter sur le ruban blanc que nous suivrons tout à l'heure; d'autres nous longent en sifflant et éclatent dans les champs à droite et à gauche.

Allons, la partie est engagée, je sens la grosse responsabilité que je porte : il faut arriver! Je suis content de me sentir les nerfs bien en place, mais bon sang que je souffre : une vieille entérite, soignée par le mépris pendant huit jours de grosses fatigues, se venge cruellement ; je n'ai rien pris de la journée et elle me broie les entrailles. Comme une obsession maladive, un souvenir de chez moi me hante : c'est un naïf tableau fort vieux qu'on voit dans l'église. Un martyr est couché sous une broche que tourne un sinistre moricaud ; autour de celle-ci, l'intestin grêle du patient s'embobine, tandis qu'au-dessus un roi se pâme de rire dans l'œil-de-bœuf d'une tour. Protégez-nous, grand saint, mon martyre est analogue au vôtre !

On entre dans un village, ou plutôt dans ses ruines ; une vague clameur s'élève de la place, ce sont les blessés de la journée ; ils sont là sur des civières, sous la pluie et les obus et attendent les voitures d'ambulances trop lentes ; ils geignent lamentablement, quelques-uns râlent, c'est lugubre !

Nous voici en terrain conquis, la route est de plus en plus mauvaise, le charivari des chariots de plus en plus fort et le vent porte. Décidément, il faut être nous pour tenter ce que nous faisons !

Je vois des ombres devant moi. « Qui vive ! » Des voitures sont arrêtées au milieu du chemin ; ce sont trois caissons de ravitaillement ; un gradé est près d'eux qui semble perplexe.

Je l'interpelle rudement :

— Qu'est-ce que vous foutez là ?

Sa voix est blanche, il me balbutie qu'il ne peut aller plus loin, qu'il y a trop de trous d'obus.

Je hausse les épaules et bouscule son cheval.

— Y te faudrait peut-être le boul' Mich ! jette avec mépris mon conducteur de tête ; sans s'arrêter, il le double.

Il passe un peu près, un choc retentit

suivi d'un juron et d'un coup de fouet; un caisson est à demi projeté hors de la route. J'entends mon poilu qui crie :

— Un autre coup, tu prendras ta droite.

Un cavalier surgit. C'est le fidèle trompette du lieutenant.

— Mon lieutenant, le capitaine m'envoie vous dire : il y a un arbre en travers la route, vous attendrez là les ordres.

Il s'éclipse dans l'ombre.

Encore des masses noires. Ce sont des cuisines roulantes des fantassins; les braves cuistots partagent la soupe :

— Bravo ! les crapouillots, bonne chance ! Je me redresse, car j'en entends un qui murmure :

— Ils sont culottés tout de même !

Voici l'arbre, fauché par un obus en plein fouet, il barre la chaussée; à gauche un boyau, à droite un talus. Toutes les cinq à six minutes, visite d'une marmite, trop courte d'ordinaire. Pourtant, une ou deux tombent en plein dans la colonne ; par bonheur, juste dans l'intervalle des voitures. Les Boches sont à mille mètres.

« Pied à terre ! » Que l'attente est crispante ! Je vais d'une voiture à l'autre, faisant un brin de causette de-ci, de-là. Pas de casse, le moral est bon, des hommes blaguent.

Dieu que j'ai mal, la tête me tourne ; je sens par instant un frisson et j'ai grande envie de vomir ; heureusement qu'il fait nuit, car je dois être sacrément pâle.

Je vais essayer de m'allonger un peu ; justement le long du talus, j'entrevois un homme étendu : à deux, on aura moins froid. Je m'approche :

— Ne bouge pas, vieux, c'est moi, le lieutenant, je me colle près de toi.

Il ne me répond pas. Pauvre gas, recru de fatigue, il dort d'un sommeil de plomb.

Je me serre contre lui le plus possible, ça va mieux, je somnole un moment.

Soudain, un « bonjour, les gas » sonore; c'est le lieutenant qui apparaît joyeux sur le talus.

— Ça va, fait-il, les travaux marchent, on nous aide, il faut passer par-dessus l'arbre ou à côté, le capitaine nous attend. Bouchons la tranchée!

On appelle les servants. A coups de pioche, on abat le boyau; en se lançant un bon coup et bien droit, on passera.

Je pense à mon compagnon de sommeil de tout à l'heure.

— Hé! vieux, on part.

Il ne bouge pas.

— Allons, ouste — et je le secoue rudement de la pointe du pied.

— Quelle marmotte!

Je l'éclaire d'un jet rapide de ma lampe électrique et j'étouffe un cri, une sueur froide me perle dans le dos.

C'est un Boche crevé, le visage convulsé avec de la bave rouge et mousseuse à la bouche, les yeux exorbités, effroyables à voir...

En avant! Je me mets au tournant pour l'indiquer aux conducteurs et j'attrape au passage les chevaux par la bride pour les mieux guider; il ne s'agit pas de verser ou de rester en panne, ce serait l'embouteillage.

La première voiture passe sans mal, ça ira, mais quel cahot et quel vacarme de ferraille. Si les Boches n'entendent pas, c'est qu'ils sont sourds comme des pots. Les voitures se suivent.

Ça y est. Voici l'arrosage! Heureusement les Boches s'en prennent à la portion de route qui s'étend entre l'arbre et eux, c'est-à-dire où nous ne sommes pas. Pourvu qu'ils n'allongent pas.

Trois chevaux blancs, ce doit être mon ami Joly. Un sifflement, c'est une marmite qui vient... Les chevaux tournent au grand trot, ils passent, il est temps : l'obus claque en pleine route, un instant plus tôt, il était dans la voiture. Je sens le souffle de l'explosion me lécher le visage. Joly, perché sur son siège et par suite en plein dans la gerbe des éclats, n'a rien et j'entends sa voix, gavroche, qui lance un :

« Mince alors!! » bien senti et il s'enfonce dans la nuit.

Décidément, les Boches s'impatientent, ça rapplique dur maintenant, une sale petite pièce s'est mise de la partie, elle nous crible de tout près avec des fusants. Heureusement les projectiles ne sont pas très puissants, mais ils passent dans tous les sens et éclatent à hauteur des yeux. Ça finit par impressionner de voir à chaque coup voltiger un essaim de bouts d'acier incandescents qui strient la nuit.

Nous sommes maintenant en plein champ; on se faufile le long des anciennes tranchées boches démantelées. Les hommes sont un peu plus nerveux, ils se groupent autour des voitures; nous les grondons :

— Chacun à sa place!

Enfin, voici le pied de la dernière crête; les Boches sont à trois cents mètres; à tour de bras on décharge les voitures; il n'y a plus de marmites, mais la petite pièce nous a suivis, elle redouble, ses obus circulent entre nous sans arrêt... avec un bonheur qui tient du prodige d'ailleurs. Quel miracle nous protège, pas un blessé, seul mon cheval a quelques petits éclats.

Ouf! le dernier chariot est vide, il part au trot, salué par les éclatements qui le suivent.

Je suis rendu et près de m'évanouir. Le lieutenant m'emmène à l'entrée d'une sape boche où l'eau ruisselle; tant pis, je me drape dans mon caoutchouc et je m'étends dans la boue.

Le capitaine a fait merveille; les fantassins aussi, ils nous ont donné un coup de main, les tranchées sont presque prêtes, pas bien profondes évidemment.

A six heures, les dix crapouillots sont en place avec leurs sept cents torpilles!

LA REVUE

Pour une insulte, et publique encore, en vérité, c'en était une !

La « décision » du jour portait une série de prescriptions, concernant une grande revue de tout le corps d'armée, que devaient passer, le lendemain, les autorités suprêmes — comme disent les Italiens — des armées alliées.

Mais *in cauda venenum*... la dernière ligne était ainsi rédigée : « La batterie de 58 ne prendra pas part à la revue ! »

Le lieutenant était furibond, les hommes vexés, surtout, je crois, parce que, depuis le matin, les artilleurs, qui cantonnaient avec nous, raillaient tout en fourbissant leurs armes : « Trop moches, les crapouillots ! »

Avouerai-je que ma nonchalance naturelle s'accommodait assez bien de cette exclusion, quoique, au fond du cœur, j'eusse bien une petite pointe de regret :

Nos crapouillots avaient vaillamment peiné depuis leur récente formation, ils avaient bien mérité une petite part d'honneur...

Notre jeune chef s'en fut à l'état-major. Sa bravoure en avait fait l'enfant gâté. Il réclama. Il promit que nous serions tout à fait « à la hauteur ».

Au fond, on craignait notre manque de cohésion, encore très excusable. Devant nos promesses, on céda : nous défilerions à pied, en avant de l'infanterie.

Le matin, dès l'aube, les hommes s'empilèrent dans des chariots de parc, astiqués comme jamais, je crois, ni avant, ni depuis. Nous n'avions pas pris nos canons, réellement trop lourds et trop peu élégants pour être portés à bras un jour de fête...

Quand je vis le lieu où allait se dérouler la revue, j'eus un grand plaisir.

Le commandement avait choisi, à dessein évidemment, la vaste plaine où, « à la Marne », pendant cinq jours, notre corps s'était cramponné au terrain pour y mourir ou pour vaincre, selon l'ordre du Grand Chef.

C'était là que, juste douze mois avant, pendant des heures inoubliables, malgré le nombre des ennemis, malgré leur artillerie écrasante, nos baïonnettes avaient reçu, brisé, puis refoulé les hordes du kronprinz.

Le paysage m'était familier comme un vieil ami.

Je reconnaissais successivement toutes

les crêtes, derrière lesquelles, fourbus de fatigue, sans arrêt, des jours et des nuits, nous avions charrié des obus aux 75 insatiables, avec mes camarades des sections.

Je retrouvai, avec une vraie émotion, le mamelon sur lequel ceux qui se battirent alors purent voir durant toute une journée, la plus critique, au pied de son fanion fièrement dressé, la silhouette du général d'artillerie, impassible sous le feu, et, par son seul exemple, donnant à ses artilleurs le cœur qu'il fallait pour museler avec leurs petits canons les monstres boches...

Les troupes étaient déjà placées, infanterie en avant, artillerie derrière, sur un front parallèle à la grande route qui mène à Beauzée-sur-Aire.

Je n'avais jamais vu un corps d'armée réuni.

Je vous assure, que même après douze mois de guerre, cette mer bleue a quelque chose d'impressionnant et de fortifiant.

On nous fit mettre tout à fait sur la droite, et notre groupe de 150 hommes faisait, par sa petitesse même, sensation auprès des régiments massés en profondeur.

Un coup de trompette retentit : « Garde à vous! »

Notre général, qui devait nous présenter, apparut, défilant lentement sur la route plus élevée que nous, et sa haute stature se profilait dans le ciel.

Quand il dépassa la batterie, il lui trouva si bonne mine, qu'il cria gaiement à mon camarade :

— Bravo! Dommage que vous n'ayez pas vos canons!

Vous rirez si vous voulez, lecteurs, mais cette boutade nous fit un bien vif plaisir, et je saisis dans les rangs du génie qui nous coudoyaient, plus d'un regard de jalousie.

Les musiques entonnèrent le *Save* et la *Marseillaise*, et, d'une demi-douzaine de limousines, nous vîmes débarquer les « huiles » anglaises et françaises.

Soudain, malgré le garde à vous, un léger frisson secoua les rangs, un murmure passa : « Grand-père ! »

A sa forte carrure, à ses grosses moustaches blanches, tous, nous avions reconnu le généralissime : Celui qui avait su, en un jour de victoire, gagner l'aveugle confiance de ses troupes, et leur donner, à l'heure même où elles pouvaient le plus désespérer, la certitude de vaincre ! Celui qui, plus que jamais, personnifiait pour le pays la confiance et l'espérance !

Mes crapouillots s'étaient immobilisés comme des statues et, parmi les vingt mille regards qui le dévisageaient, les leurs n'étaient pas les moins curieux ni les moins fiers.

Mais nos cœurs battirent quand, intrigué, il s'arrêta un instant devant nous; notre général nous nomma; la figure de Joffre s'éclaira de son cordial sourire; du doigt, il nous désigna au grand chef anglais qui était à ses côtés, et tous deux nous saluèrent.

CENSURÉ

CENSURÉ

« En avant! » Reins cambrés, jarrets tendus, ouvrant la marche à tout le corps d'armée, joyeuse et fière, la batterie défila.

PREMIÈRE PERMISSION

Sous la tonnelle qui nous servait de salle à manger, bâillant de faim depuis bien près d'une heure, nous attendions le capitaine pour déjeuner.

— Encore quelque palabre, murmurai-je de mauvaise humeur, fort inquiet pour le rôti, tout en avalant pour passer le temps une troisième ou quatrième tartine de moutarde.

Il surgit soudain, les yeux pétillants de joie et se frottant les mains, ce qui était chez lui l'indice de grand appétit et d'un fort contentement.

— Popotier, me dit-il d'un ton grave, as-tu une bouteille de champagne dans ta cave? (Quand le capitaine se permettait de me tutoyer sans autorisation préalable, il y avait bon!)

— A vos ordres.

— Envoyez-la chercher!

— Au compte de qui?

— Au vôtre! Parbleu!

J'obéis naturellement puisqu'il s'agissait de champagne, mais du diable si je devinais la raison de l'amende!

Le patron cependant demeurait impénétrable et ce ne fut que devant la mousse pétillante qu'il se déboutonna!

— Voici... Voici votre permission!

— Hein?

— Votre permission!

Je crus à une plaisanterie et du plus mauvais goût, ma foi! Nous avait-on assez bernés avec ce bateau-là! C'était bon pour les embusqués des dépôts!

— Je ne ris pas du tout, et la preuve

c'est que la voilà signée, paraphée, timbrée. Vous partez ce soir!

— Mais, mon capitaine... et vous?

— Il n'y a pas de mais, me dit-il très vite et d'un ton un peu bourru qui s'éclaircit presque aussitôt. Vous êtes le plus jeune, de plus, marié, vous avez un gosse que vous n'avez jamais vu. On ne sait pas ce qui peut arriver. D'ailleurs, je n'ai pas à rendre de comptes à mes lieutenants sur mes faits et gestes. C'est un ordre, si vous voulez!

Oh! je n'avais pas envie de me rebeller, mais tout de même, j'étais rudement ému. Je ne crois pas avoir dit merci.

Le bonheur m'abasourdissait. J'allais donc la revoir sûrement Celle à qui, dans une horrible veillée de séparation, j'avais cru dire à jamais adieu, Celle dont l'amour fort et vaillant me rendait si fier et m'avait si bien soutenu, réconforté depuis la première heure. Comme cela me ferait du bien et combien plus fort je reviendrai me battre ensuite. J'allais les revoir, les petits laissés au berceau, le dernier venu que j'aimais déjà pour la consolation qu'il avait été dans l'épreuve et que je ne connaissais pas encore.

L'heure du départ arriva; mes compagnons me menèrent à la gare; j'avais presque honte, en les laissant là, de l'intensité trop visible de ma joie.

On nous empila dans un train, dix par compartiment; dans le mien, toutes les armes étaient représentées; bientôt la connaissance fut faite, la glace rompue, les grades suffisamment oubliés et le train s'ébranla. C'était vrai... la permission!

Quel train! Mes aïeux, où est-elle votre élégante et rapide diligence qui ne s'arrêtait qu'à tous les carrefours!

Notre omnibus, lui, je vous le jure, ne

manqua pas un garde-barrière, pas un G. V. C., pas un ouvrage d'art sans le saluer d'une pause ; quand il arrivait dans une halte, il faisait quelques heures de « sur place » et dans une grande gare..., il capeyait sous petite vapeur une demi-journée ou une demi-nuit.

Et encore, si, appliquant le principe généralement admis, le train avait pris la ligne droite comme étant le plus court chemin d'un point à un autre !

Mais nous, pour aller des environs de Saint-Mihiel à Paris, nous allâmes dîner à Verdun, coucher à Bar, visiter Sainte-Menehould, souper à Dijon, échouer à Troyes et toujours « au grand complet ».

A n'en pas douter, des gens de l'arrière fussent morts cent fois avant la fin du parcours, mais nous, les poilus, qui en avions vu bien d'autres, pas un instant nous ne laissâmes abattre notre bonne humeur. D'ailleurs, au fond, le voyage ne nous sembla durer que trois nuits et deux jours et quand on avait par trop de fourmis dans les jambes — je ne suis pas de Marseille — on descendait, on faisait un kilomètre aux côtés du train, cela desserrait les camarades et soulageait toujours d'autant la sympathique et brave locomotive aux cuivres rutilants, qu'époumonnait ses quelque soixante wagons.

En frères, on partageait les provisions et grâce à des ruses d'apaches, on trompait astucieusement la paternelle surveillance des commissaires de gare pour aller quérir à chaque arrêt du liquide indispensable.

Dans une grande gare dont j'ai perdu malheureusement le nom, cela faillit tourner mal. Le commissaire s'était, paraît-il, levé sur le mauvais pied; aussi quand il vit, du train à peine arrêté, un essaim bleu horizon déferler vers les sorties, bidon au poing, il crut son autorité de chef terriblement compromise et nous fit barrer la route par un peloton de territoriaux, baïonnette au canon. Il y eut un gros désappointement, voire de sourds murmures et des regards furibonds accompagnèrent le digne homme dans la retraite que, son forfait commis, prudemment il fit au fond de son bureau.

Mais alors, ô sublime union sacrée, de tous les recoins de la gare, nous vîmes accourir tout le personnel disponible : cantonniers, chauffeurs du dépôt, mécanos, garde-barrière, aiguilleurs, tous et y compris un amour de petite distributrice de billets. En un clin d'œil, des chaînes s'établirent jusqu'au bistro de la place pour éteindre l'immense incendie de notre soif... Chaînes d'autant plus sympathiques que nous ne pûmes payer un seul litre par-dessus les baïonnettes des G. V. C. impavides et quelque peu narquois, mais scrupuleusement fidèles à leur consigne qui était seulement de ne pas nous laisser passer.

Et quand, Monsieur le commissaire, l'heure du départ approchant, sortit de sa tanière, il crut devenir fou : les assoiffés de tout à l'heure avaient tant de pinard qu'ils abreuvaient généreusement leurs geôliers !

A Dijon, nous avions trois heures. Nous sortîmes en ville pour nous dégourdir les jambes. Une touchante surprise nous attendait.

Plein la grand'place de la gare, une foule s'était spontanément réunie : des femmes, des enfants, des hommes, bourgeois et ouvriers, étaient massés et quand les premiers d'entre nous apparurent, une clameur immense de sympathie nous accueillit, touchant salut de l'arrière à ses premiers poilus qui revenaient.

En un instant, nous fûmes entourés, entraînés par des petits groupes qui nous questionnaient joyeusement, avidement.

— Alors, les gas, c'est pas trop dur?
— C'est pas trop long?

Et devant ces inconnus, mes compagnons furent ce qu'ils devaient être; à la française, ils contèrent leur vie, décrivant leurs peines avec bonne humeur, leurs dangers avec fierté et parlant d'avenir avec espérance...

— Et si c'est pas fini pour l'hiver? dit timidement une voix.

Et un grand diable de fantassin du 6-7, qui était à côté de moi, répondit vivement :

— Fini, ça peut pas l'être ! Peut-être pas même le prochain, mais ça ne fait rien, nous les aurons, c'est à cela seul qu'il faut penser...

La foule stupéfaite et ravie buvait son rude langage bouche bée. C'était donc bien là le moral des poilus, les journaux ne mentaient donc pas toujours et les lettres disaient donc vrai !

Et il poursuivit :

— Nous les aurons si pourtant vous ou vos députés ne nous lâchez pas avant, c'est là notre seule crainte. Car, voyez-vous, c'est pas difficile de mourir quand on se bat, mais c'est bien difficile de tenir quand on n'a pas les Boches à deux cents mètres.

CENSURÉ

La seule chose que chacun de nous désire, c'est d'être là le jour où on cognera pour de bon, quand le père Joffre trouvera que c'est le moment !

« Et puis, voyez-vous, et la voix du poilu se fit sourde, nous en avons trop à venger maintenant pour finir trop vite. Les Boches nous doivent trop pour que le paiement ne dure pas longtemps et ils paieront, je vous le jure, ou nous en crèverons tous, n'est-ce pas, les copains !

Soudain, un remous se produisit. Nous étions presque sortis de la gare, lorsque de la rue qui descend vers la droite surgit un sapin où une grappe bruyante de superbes sous-officiers automobilistes et aviateurs, vêtus à la dernière coupe de bleu frais, rutilants d'insignes, de décorations et de galons, étaient entassés avec deux ou trois « poules » fort éméchées sur les genoux.

— Tiens, des poilus ! Dites donc, vous autres, cria le plus beau des margis en se dressant insolent dans la guimbarde, ça boulotte là-bas, à votre front ?

La foule regardait, gênée, nous, suffoqués. Quoi, c'étaient donc ces oiseaux-là, les soldats de l'arrière ; c'est ainsi qu'ils menaient la vie joyeuse pendant qu'on mourait là-bas. Eux que nous nous plaisions à nous figurer « acharnés à nous forger les armes de la victoire » et payant leur sécurité de leur labeur sans arrêt ! Aujourd'hui, sans doute, nous serions moins sévères, mais là, ce jour-là, c'en était trop !

Mon fantassin demeura un instant comme figé, puis soudain pourpre de colère, bien en face, les yeux dans les yeux, résumant d'un mot nos sentiments à tous, il lui lança à pleine gueule :

— Merde !

Le sous-officier devint livide ; comme cinglés d'un coup de cravache, tous les beaux messieurs du fiacre s'étaient levés :

— Dites donc, vous, l'homme, comment vous appelez-vous ?

La foule grondait. Je fis un pas en avant et d'un ton que je rendis le plus hautain et le plus méprisant possible :

— Il y a sans doute un nouveau règlement, fis-je, qui dispense ceux qui ne se battent pas de saluer les officiers du front et autorise à les interpeller ainsi en pleine rue !

Les jolis malotrus remarquèrent alors mon bout de galon d'or.

La couleur revint quelque peu à leurs joues et ils s'en furent sous les quolibets de la foule en me bafouillant des excuses dont je riais bien au dedans, tandis que le poilu me disait encore tout étranglé d'émotion ou de colère :

— Merci, mon vieux !

Amis inconnus de Dijon, premiers civils que nous ayons revus pendant la grande guerre, vous ne savez pas le bien que vous nous avez fait. Mieux que jamais, près de vous, j'ai compris la beauté de mon rôle d'obscur combattant et, encore aujourd'hui, en pensant à votre sympathie, j'ai des larmes dans les yeux et des battements de fierté dans le cœur!.,.

« Paname! » Une immense et gavroche clameur jaillit du train tout entier; la locomotive, plus poitrinaire que jamais, exhalant ses derniers soupirs à fendre l'âme, s'engagea en cahotant dans les voies du terminus.

Ah! la poésie insoupçonnée de cette entrée dans Paris! Nous avions vu certes bien des riants paysages, des vallons ombreux, des coquets villages, dans notre voyage au long cours. Aucun site ne nous parut si charmant, ni si émouvant que la perspective de Paris s'éveillant dans la fumée des trains!

Instantanément les wagons furent vides et nous fûmes nous empiler aux contrôles.

Un quart d'heure après, nous nous donnions un bref rendez-vous quatre jours plus tard sous la grande horloge.

Et je m'en fus, tout seul, fier de sentir s'attacher au vol les regards amicaux des passants et les gentils sourires des passantes sur ma vareuse défraîchie par les intempéries, et tout ému d'être salué le premier par des capitaines à barbe blanche et même par des sergents de ville.

Comme c'est lumineux, bon et pur, l'air de Paris; comme l'asphalte du trottoir sonne joyeusement sous le talon ferré; combien c'est curieux, des grandes maisons qui ont toutes des fenêtres avec des carreaux et aucun trou dans les toits! Et j'allais, dans une très douce ivresse, me frottant les yeux et me pinçant les bras pour bien me convaincre que je ne ne rêvais pas.

J'allais... soudain le paysage se précisa : c'était le boulevard Raspail, la rue de

Rennes, les témoins aimés de ma jeunesse, puis ce fut le magasin de la modiste et celui du plombier avec la grande porte cochère de la maison paternelle.

J'entrais et je vis...

A quelques pas de moi, se détachant sur la luminosité de la cour, maternellement penchée vers les petits qui revenaient de la promenade quotidienne au Luxembourg, la gracieuse silhouette bien aimée. Un cri joyeux retentit.

Mes yeux se brouillèrent, je sentis un choc au cœur et ce fut en chancelant que je fis les derniers mètres. Je crois que je serais tombé sans la délicieuse étreinte des bras qui m'enlaçaient.

C'est la seule fois, je crois, de ma vie de crapouillot, que j'ai eu vraiment peur de mourir!

LE CAMP 4/5

Nous garderons tous le souvenir de ce coin pittoresque de Champagne où nous avons vécu plus d'une demi-année de guerre, dans un décor original et curieux.

Quand nous étions arrivés là, au repos, nous avions trouvé de grands gourbis, tels qu'au début de la guerre il en poussait comme par enchantement sur tous les coins du front où des troupes séjournaient un peu.

C'étaient des sortes de huttes longues de vingt mètres, hautes de trois, et constituées de branchages entre-croisés et mastiqués de terre battue.

Elles étaient chaudes, mais, en revanche, abritaient dans leurs murs des légions de rats et, lorsqu'il avait plu, de leur masse détrempée suintaient, durant les jours et les nuits qui suivaient, des gouttes qui tombaient désagréablement sur le nez des dormeurs.

Le capitaine, prévoyant que nous serions là longtemps et qu'évidemment très suffisantes pendant la belle saison, ces masures deviendraient inhabitables quand l'hiver serait venu, les fit raser, prescrivit de se débrouiller et laissa à chacun l'initiative de se constituer à sa guise un nid confortable.

C'est ainsi que naquit un vrai village, un peu hétéroclite, mais où nous ne fûmes pas trop malheureux.

Sous la futaie clairsemée de sapins, émergeant de la craie bouleversée qui semblait un tapis de neige, d'énormes tuyaux frappaient au premier abord les regards ; ils étaient faits de tôles ondulées, qu'à grands coups de masse on avait aplanies et roulées, puis rivées avec de grossières attaches en fils téléphoniques : c'étaient nos cheminées.

Un bon feu, en guerre, est un bon ami ; il communique sans compter sa cordiale chaleur ; en illuminant de sa flamme dansante le gourbi, il illumine un peu l'âme aussi et rappelle à plus d'un la douce veillée au lointain foyer. Son entretien atténue la longueur du temps, et c'est lui qui procure au poilu de retour des tranchées, à la sentinelle qui relève d'une garde dans la nuit glacée, le suprême des régals, un « jus » bien chaud, au chaud, loin de la pluie, loin de la bise. C'est pour cela, je crois, que chacun de nous apporta à la confection de l'âtre tant de soins et que, sans cesse, on pouvait voir s'échapper de nos cheminées d'épaisses volutes parfumées de résine, qui auraient pu faire supposer qu'une grande et active usine se terrait là.

Car, pour mieux nous protéger contre le froid et économiser la construction des murs, nous avions creusé nos niches dans le sol.

De-ci, de-là, le manteau blanc se soulevait en tumuli et, rompant son hermine, apparaissaient des portes, des fenêtres, qui donnaient l'entrée, l'air et la lumière dans nos habitations de troglodytes; les unes, carrées et trapues, avaient des allures de gueules d'un four, surtout lorsqu'une souche en braises rougeoyait à l'intérieur; d'autres ne manquaient point d'élégance et mimaient les baies d'un chalet suisse, submergé par une avalanche; d'autres enfin, basses et dissimulées, inspirées par l'art de la guerre, bien adaptées à la lutte contre le vent coulis sournois, faisaient penser à des créneaux ou à des entrées de sape, et l'on était presque étonné de n'y point apercevoir la gueule d'un fusil aux aguets.

Tous ces trous étaient pêle-mêle, en tous sens, inattendus et disposés selon le goût et le caprice de l'occupant, et jamais on n'eût imaginé que bien près de trois cents hommes vivaient là.

L'intérieur des gourbis n'était pas moins curieux. Comme fatalement l'espace y était resserré, nos poilus avaient fait des prodiges pour accumuler tous les éléments d'un confort assez moderne en fort peu de place.

Telles dans l'entrepont d'un navire, les couchettes étroites et serrées se superposaient sur plusieurs rangs. Chaque encoignure servait d'étagère et le moindre pilier, de pied de table ou de dossier de banc.

Du plafond, presque toujours pendait un fil de fer recourbé qui devenait un lustre, quand un bout de bougie y avait été fiché.

L'originalité de l'ameublement était accrue du fait qu'on ne nous avait fourni aucune espèce de matériaux. Nos poilus sont un peu des batteurs d'estrade; en des pérégrinations de plus en plus lointaines, ils avaient visité les villages en ruines, les sapes abandonnées à l'attaque par les nôtres et par les Boches, et avaient garni des dépouilles opimes leurs appartements, souvent au prix des plus ingénieuses transformations.

Des grenades étaient devenues des lampes à essence; des obus non éclatés servaient de lampadaires; des boîtes de singe se transformaient en jalousies; les capotes boches en rideaux d'alcôve, des canons de fusils en chenets et des fourreaux de baïonnettes en soufflets.

Quelques lits cossus avaient des édredons de plume; d'autres, des matelas de laine; telle chambre était tapissée de papiers à fleurs; telle autre, d'andrinople bien rouge; celle-là, de carton bitumé.

Souvent, le fauteuil de style voisinait avec le tabouret fait d'un cul de sapin et de trois piquets.

L'huis était clos ici d'une ex-porte d'armoire en chêne massif et dont la serrure était une ficelle et le contre-poids une bouteille, là, d'un vantail fait de couvercles de caissettes formant une amusante mosaïque où, en lettres au feu, « Chocolat Menier » côtoyait « Nouilles Lucullus », « Cigares de la Havane » et « Bourgogne Damoy ».

Un renard empaillé, un casque de dragon, s'étaient même égarés au fond d'un de nos terriers, ainsi que des assiettes peintes, des glaces et quelques cuvettes de porcelaine pas trop ébréchées.

Pillage! vont bougonner quelques-uns de mes aimables lecteurs civils, grognons, qui, bien calés dans un voltaire et les pieds dans des pantoufles, maudirent sans doute plus d'un coup durant cette guerre, « cette armée qui n'avançait pas »...

Peut-être! mais pillage d'objets cent fois voués à une inutile disparition et recueillis sous les obus.

Et puis, voulez-vous le fond de ma pensée? Je trouve que seuls ont le droit de faire grief au soldat qui pille dans ces conditions, ceux qui ont des mois durant senti planer sur eux l'aile de la mort, tandis qu'ils avaient froid et faim, car, seuls, ils peuvent comprendre l'héroïsme qu'il y aurait à respecter la propriété d'inconnus, lorsqu'on est certain que d'autres, demain, n'auront pas les mêmes scrupules, en admettant toutefois qu'un obus boche n'ait mis, avant leur venue, l'objet convoité pour l'éternité à l'abri de tout larcin, et alors que cet objet aurait pu procurer un peu de bien-être... pour la dernière fois peut-être !

Quelque chose dont nous étions fiers, c'était une jolie cloche d'église en bronze, que nous avions installée devant notre cagna.

Elle nous servait à appeler nos ordonnances, quand venait l'heure sacrée du chocolat matinal et, dans le cas d'alerte aux gaz asphyxiants, elle devait battre un tocsin sauveur.

Nous aimions son « la » sonore, que nous avions entendu pour la première fois venant de chez les Boches et sonné par des mains impies.... Quelques jours plus tard, un soir de victoire, redevenue française, on nous l'apporta.

Son histoire obscure d'inconnue reconquise avait quelque chose d'émouvant et la rendait, il nous semblait, tout à fait digne de son rôle de sentinelle veillant à la sécurité de notre camp.

Il va de soi que nous n'étions pas tous nés bons architectes et plus d'une paroi s'éboula, plus d'un toit s'affaissa, plus d'un plafond s'obstina à canaliser l'eau du voisinage en source intarissable au milieu d'un gourbi, mais, de ces accidents, on riait; entre deux coups de chien, on jetait bas la masure, et le jour même, on rependait la crémaillère dans la maison rebâtie.

Parfois, un soir de combat, une couchette demeurait vide; il manquait, dans la cagna, un des joyeux habitants de la veille; on l'avait rapporté sans vie, d'une de nos positions... Il dormait maintenant, tout à côté, à l'ombre de la modeste croix bleu horizon du soldat mort pour le pays, dans l'enclos qui nous bordait à l'orient.

Les matériaux que nous eûmes le plus de mal à glaner furent, de beaucoup, ceux qui constituèrent les toitures. Pour nous les procurer, nous ne pûmes toujours être très honnêtes vis-à-vis de nos voisins, d'autant plus que, sagement, le G. Q. G. envoya une brigade d'excellents gendarmes destinés à empêcher de mettre à mal les meilleures cagnas des environs, celles précisément qui auraient pu nous fournir le plus.

Il fallait tromper leur vigilance et cela devint très malaisé à dater du jour où, ô malchance, elle se trouva tournée spécialement contre nous.

Les poilus avaient repéré un vieux bâtiment en marge des baraques d'une division et bien couvert de tôles ondulées, qui eussent à merveille fait l'affaire.

Ils organisèrent une expédition et, quand il fit nuit, avec le moins de bruit possible, afin de ne pas éveiller de nocives susceptibilités, ils se mettaient déjà à faire sauter les clous rouillés, quand des bordées d'effroyables jurons et de vociférations éclatèrent. Les gendarmes eux-mêmes avaient élu domicile précisément là, le jour même...

Tout eût été perdu, et l'on fût revenu bredouille, si la brigade entière n'avait eu l'idée, en un zèle louable et profitable, de se lancer avec un ensemble touchant à la poursuite vaine — ai-je besoin de le dire — des crapouillots qui, en bas, attendaient le fruit de la rapine. Ils décampèrent bruyamment et les menèrent fort loin.

Il fut de la sorte permis aux comparses juchés sur le toit de faire les morts... quelques instants, d'emporter tout de même un bon carré, et ainsi de sauver l'honneur.

Mais, hélas! tout a une fin!

Le capitaine se rongeait les poings à ne rien édifier; un beau jour, il décida la construction de belles baraques, plus confortables et plus saines, plus militaires aussi, mais bien moins pittoresques, et nous dûmes lâcher nos gourbis sauvages du « Camp 4/5 », pour les belles maisons en planches du « Camp des Crapouillots ».

KNOCK OUT

— Voici le plan du bombardement.

Le lieutenant étalait sur la table une carte des tranchées allemandes où des traits de diverses couleurs indiquaient, selon les calibres, les objectifs assignés à chaque batterie.

— Tu vois, ce sera soigné, d'autant plus que sur ce saillant-là s'ajoutent nos crapouillots, ainsi que sur celui-là. Aïe !

Son ongle soulignait le saillant marqué de mauve :

— Malsain ceci, du 155 court et les deux tranchées ne sont pas à 25 mètres, bien certainement on en aura chez nous. Pour régler notre tir de la première ligne, ce qu'il faudra faire vite!

Le capitaine était alors en permission; avant son départ il m'avait formellement interdit d'aller à cette attaque, trouvant inutile de nous exposer simultanément. Je me morfondais donc à l'avance. La tentation était trop forte : raison de service !

— Il n'y a qu'un moyen, dis-je, c'est d'y aller à deux, chacun de nous prendra deux pièces ; le réglage, ainsi, sera l'affaire de quelques minutes. Ce sera bien le diable si le coup malheureux est juste pendant ce temps-là.

Ma présence fut donc déclarée absolument indispensable et j'accompagnai mon camarade.

Il est, dans le métier de crapouillot, un instant qui m'a paru toujours particulièrement impressionnant : c'est celui qui précède immédiatement le déclanchement du tir. Les pièces ont été mises soigneusement en direction, leurs plates-formes renforcées, le téléphoniste a déroulé son fil et, blotti le long du talus, vérifie son appareil, tandis qu'auprès de lui, sous la trajectoire de mes projectiles, je cherche un endroit commode pour bien voir l'objectif. Presque tout le personnel de la tranchée a été abrité dans des sapes, seuls quelques guetteurs restent à leur poste; ma montre à la main, je suis des yeux l'aiguille qui, bien lente, trotte vers l'heure indiquée.

L'air est parfaitement calme; à peine le moyen échange ordinaire des coups de canon égaie-t-il le champ de bataille; quelques secondes encore et cette quiétude va se transformer en enfer...

— Attention... Feu!

Deux claquements secs indiquent « mes départs ». L'œil suit les deux torpilles, très haut dans le ciel, elles semblent retomber sur moi. Comme s'ils n'avaient attendu que ce signal, des centaines d'obus, en rafale, s'abattent sur les ouvrages ennemis, des mouches de métal bourdonnent en tous sens et viennent se poser avec un crissement métallique au fond des boyaux. « La danse commence ».

Les deux torpilles touchent terre ensemble, si près de nous qu'on doit s'abriter au moment de l'explosion. L'une m'a semblé dans la tranchée allemande, l'autre, un « peu courte ». Il faut se hâter, car déjà la fumée des explosions ininterrompues masque à demi l'objectif.

— Allo! Première pièce bien, deuxième 45 degrés, direction bonne. Feu aussitôt prêt, activez!

A côté de moi, le téléphoniste assis sur la banquette, face aux pièces, les yeux fixés au ciel, guette les torpilles, il me signale leurs départs et dans le cas d'un coup trop court, doit me crier « gare » avant leur arrivée et me permettre de tenter d'éviter la mort.

Cette fois-ci, la deuxième pièce est « au but », la première « non vue ». En l'instant où son projectile vient d'éclater et où je veux vérifier sa portée, je n'ai que le temps de m'abriter, une violente explosion soulève le bled à quatre ou cinq mètres de nous : le 155 fait des siennes, c'était prévu. Le téléphoniste s'ébroue et me crie en riant :

— Le prochain coup, nous n'y coupons pas, mon lieutenant !

Les Boches de leur côté commencent à répondre.

— Dépêchons-nous donc ! Sacrée torpille, elle n'arrive pas !

— Allo ! Activez le tir ! Activez !

Un de nos fils doit être coupé en quelque

endroit, car avec le vacarme des explosions, c'est à peine si, dans une infernale friture, on perçoit les mots.

— Attention! me crie le téléphoniste qui a saisi le bruit des deux « départs ».

Une lueur blanche et chaude m'enveloppe la figure; en plein casque et sur tout le corps je reçois un formidable coup de massue qui m'écrase au fond de la tranchée sous une avalanche de terre. Pendant quelques secondes, je demeure anéanti, le sang me bouillonne dans la tête et un mugissement affreusement douloureux me déchire les oreilles.

Soudain tout cesse et la pensée revient étrangement lucide.

— Je suis blessé, je n'ai rien de cassé, je vais être étouffé!

Par un effort désespéré, je me dégage de la gangue qui m'oppresse; comme en un rêve, j'entends mon téléphoniste me crier :

— Mon lieutenant, je suis blessé, ne me laissez pas !

Il est aux trois quarts enseveli, la figure tuméfiée. Je crache des dents cassées et du sang dont j'ai plein la bouche; du revers de ma manche j'éponge celui qui m'aveugle et je me mets à gratter avec mes mains la craie autour de mon malheureux compagnon.

A nouveau, un cercle de feu me broie les tempes, mon casque doit en être cause, je veux l'enlever, mais je m'aperçois que j'ai la tête nue.

Une torpille éclate devant moi, une autre derrière le parapet; évidemment les pièces sont déréglées et maintenant que je ne puis plus corriger leur tir, elles vont démolir notre tranchée.

Il faut à tout prix les prévenir !

Je gratte tant que je puis, la main me fait mal, mon téléphoniste m'aide un peu à tâtons, il n'y voit plus et me dit simplement :

— Mon pauvre lieutenant, c'était couru! le 155!

Je l'entends à peine, mes forces s'épuisent; tout en travaillant, je remarque qu'un petit filet de sang me coule du nez, un autre sort de mes oreilles et m'inonde le cou... Il faut en finir, je prends mon compagnon à bras le corps pour le tirer hors de terre, il pousse un cri déchirant :

— J'ai la jambe brisée, laissez-moi!

Que faire?

— Écoute, lui dis-je, je vais aller chercher du secours!

Une torpille tombe en pleine tranchée à quelques mètres de nous. Je pars dans un boyau; il faut, par moments, que je m'accroche aux bords pour ne point tomber tant je souffre de tout le corps.

Je sais qu'un abri d'infanterie est là tout près. Enfin, voici l'entrée.

A voix entrecoupée, car j'ai bien du mal à respirer, je demande du secours; deux brancardiers partent aussitôt; pourvu que mon compagnon n'ait pas été achevé par un de nos projectiles!

Les fantassins d'ailleurs sont très effrayés de voir leur tranchée voler en éclats, cela se conçoit sans peine. Je leur promets que ça va cesser. Je repars malgré leurs protestations.

Les oreilles me sifflent plus que jamais, mes pieds sont de plomb, l'un d'eux me fait mal à crier, une sueur froide m'inonde le corps et j'ai soif, mais dans ma tête en feu une obsession me martèle : arriver assez près pour crier à mes hommes :

— Arrêtez, cessez le feu!

Enfin, à cent mètres, j'ai vu nettement, mais rouge comme un morceau de chair, passer dans le ciel un de mes projectiles. Pourquoi diable est-il rouge? Encore un effort et je suis au but. Ah! comme il va faire bon se jeter par terre, ne plus bouger là-bas!

Hélas! cinquante pas plus loin le boyau s'arrête, coupé par une tranchée perpendiculaire, haute de deux mètres. Nos canons sont là, derrière, à portée de voix. Je veux crier, pas un mot ne peut sortir de ma gorge et je halète comme si je venais de courir; j'essaie de me hisser sur le parapet, mais je retombe avec un cri au fond du boyau. Ma main me refuse maintenant tout service. Depuis, j'ai su que deux os en étaient brisés. Quelques obus boches viennent percuter autour de moi. Je pleure de rage. Faute d'un peu de forces, je vais être achevé là sans avoir pu mettre fin à l'œuvre de mort de mes pièces.

J'entends régulièrement mes « départs »

au milieu d'étranges tintements de cloche ; je vois au-dessus de moi passer toutes rouges mes torpilles et je sais qu'elles vont tomber chez nous.

Que n'ai-je pas été tué tout à l'heure !...

Soudain, une idée lumineuse me rend courage. Pourquoi n'y ai-je pas pensé plus tôt ! Les fantassins ! l'abri ! Le capitaine enverra un agent de liaison, on portera l'ordre !

Comme un homme ivre, car maintenant tout chavire autour de moi, je cherche mon chemin, mais je n'ai plus la force de me rappeler par où je suis venu.

Deux hommes sont blottis dans une niche, ils me regardent passer hébétés. Je leur demande la direction de la première ligne.

L'un d'eux pousse le coude de son camarade et, très vite, m'indique un boyau, sur la droite, un peu plus loin.

Je le trouve, en effet, je fais quelques pas... Une pancarte! Je la déchiffre péniblement; le boyau mène vers l'arrière de nos positions. Les hommes m'ont évidemment pris pour un de ces malheureux que le bombardement quelquefois rend fous!

Fou! ne le suis-je pas, en effet. N'est-ce pas un affreux cauchemar qui me berne et me force à me traîner au hasard, sous la mitraille?

Quand j'ouvre les yeux, tout me paraît rouge et confus, mais je vais le plus souvent à tâtons, car ouvrir les yeux me tire douloureusement les tempes et m'emplit de vertige. J'avale du sang à chaque respiration, j'entends des grands coups d'enclume dans ma tête, mon front se fait lourd, il m'entraîne vers le sol, je défaille.

Une main a pris la mienne et me guide, tout trébuchant, dans une sape; des voix que j'ai déjà entendues me parlent... lointaines : ce sont les fantassins. La Providence m'a ramené vers eux.

On me fait asseoir. Machinalement, très vite, comme une leçon apprise, je débite la seule pensée que mon cerveau puisse encore préciser :

— Un agent de liaison ! Se diriger sur les torpilles, dire d'arrêter, que je suis blessé ! Pour plus de sûreté, un autre, en même temps, prévenir le commandant du secteur, il sait où sont les crapouillots, il les fera prévenir !

Et tout mon être commence une vertigineuse et tournoyante descente...

Je bois à longs traits une eau délicieuse, douce et chaude qui me rend mes forces, endort mes douleurs... qui soudain, brutalement me brûle les gencives saignantes, m'emporte la gorge ; c'est de l'eau-de-vie qu'à plein bidon m'introduit dans la bouche le capitaine :

— Eh bien! camarade, avec ça si vous n'êtes pas retapé pour un mois, me dit-il joyeusement; pour un peu, vous auriez tout bu!

Retapé! non, tout de même, mais bien mieux!

Quelque temps après, des crapouillots arrivent; affectueusement, ils viennent sous le feu prendre de mes nouvelles et m'en apporter.

Par eux, je sais mon téléphoniste en sûreté.

Par eux, j'apprends qu'une fois de plus, le lieutenant a été splendide.

Aussitôt son tir assuré, voyant le tir fou de mes projectiles, mon camarade a cru à un malheur et bravant, comme à son habitude, cent fois la mort, il est arrivé par notre première ligne démantelée à l'endroit où j'avais été blessé. Là, sous un monceau de terre, il a découvert mon casque et ma canne. Il m'a pensé enseveli.

La rage au cœur, pour me venger, il a pris ma place et, suppléant au téléphone disparu, par des courses folles, en plein bled, il a écrasé avec mes canons la tranchée allemande!

LE GÉNÉRAL
NOUS PAIE LE DÉJEUNER
ET LE DIGESTIF

Nous étions arrivés de nuit, devant Saint-Remy, au camp M... A huit heures, après nous être, avec pas mal de peine, extirpés de nos couchettes improvisées, les yeux encore tout embués d'un lourd sommeil, nous frappions à la porte du général.

Ainsi que l'intimait l'ordre de route, nous venions nous mettre d'urgence à sa disposition pour l'attaque.

— Trop tôt, nous déclara un officier

d'état-major, il est encore aux tranchées. Revenez vers onze heures !

— Trop tard, nous affirma le même officier, sur le coup de onze heures. Le général « fait sa nuit » : deux heures sur vingt-quatre, et il est formellement interdit de l'écourter !

Devant notre air ahuri et déconfit, l'officier se prit à rire :

— Dame, il faut le saisir au vol et ce n'est pas chose facile ; je crois, en vérité, que c'est le diable lui-même fait homme, il court le jour, il court la nuit. Depuis une quinzaine, on peut dire qu'il vit dans ses tranchées. Tâchez de le chiper au saut du lit ou au sortir de table !

Mais voici qu'un peu après, élégant et aimable à souhait, un charmant sous-lieutenant de cavalerie nous aborde :

— Le général vous prie de l'excuser de vous inviter si tardivement.

« Veuillez lui faire le plaisir de venir déjeuner; il dit que c'est la seule manière de faire bien connaissance sans perdre de temps. Après le repas, il vous mènera lui-même visiter les tranchées, et croyez-moi, ce sera un excellent digestif! »

Un coup de brosse désespéré à nos uniformes blanchis et nous sommes devant notre chef.

Bien taillé, svelte, d'allure jeune et vive dans son costume kaki, il nous accueille d'une cordiale poignée de main et d'un aimable sourire :

— Ah! voilà mes crapouillots! Je compte sur vous, mes amis! Mais, comme en cette guerre plus encore qu'en aucune autre, une âme bien née ne vaut que dans un corps solide, nous allons tâcher de prendre des forces. A table!

Tandis que, tout en mangeant avec un

solide appétit, il cause, nous le regardons de tous nos yeux, car c'est lui le héros de l'héroïque traversée africaine, dont la fière bravoure fit battre jadis nos cœurs de jeunes gens...

Il a le visage un peu émacié, mais bien énergique, sous les moustaches grises; les yeux semblent brûler de fièvre et d'enthousiasme, cependant que la parole demeure calme et les idées admirablement nettes. Du premier coup, il conquit nos suffrages.

— Vous savez, je ne suis pas artilleur... encore bien moins crapouillot! Tout à l'heure, je vais vous montrer l'obstacle que vous aurez à détruire; vous me direz si c'est chose possible et je croirai en votre parole, je compterai sur vous!

« Pas de fausse honte, surtout, il vaut mieux promettre moins que trop!

« D'ailleurs, je vous aiderai de toutes

mes forces de général et elles vont loin, vous savez, ces forces!

« Ma division vient de faire un travail de tranchées unique, et je crois que les Allemands eux-mêmes l'admireraient ; en l'accomplissant, j'ai pensé à vous, j'ai respecté un coin qui pourrait convenir, il me semble, à vos canons, mais souvenez-vous bien que je n'ai pas d'amour-propre, et ne suis nullement gêné pour lui trouver une autre affectation.

« Vous êtes seuls juges ; si mon endroit ne vous plaît pas tout à fait, je vous défends de le prendre. »

Puis, il nous fait lui donner une quantité de détails sur nos hommes, nos canons, nos projectiles, et malgré ses dénégations d'ignorance, nous sentons bien vite qu'il sait ce qu'un chef doit savoir de nous.

Quand nous lui disons les jolis résultats

de rapidité de tir, que la bonne volonté de nos poilus et l'astuce du capitaine nous permettent de promettre, il se récrie, un instant incrédule, puis, joyeusement, devant notre assurance :

— Eh bien! tant mieux. On coupera la batterie en deux ou trois, on fera plus d'ouvrage. Mais vous savez, vous êtes responsables de vos promesses.

Et nous très fiers :

— Bien volontiers!

Mais, notre nouveau chef est maître de maison accompli; tandis qu'on l'écoute ou que l'on répond, on n'a pas le droit de perdre une bouchée. J'ai le malheur de trouver succulent un certain carri, dont il a dû rapporter la formule du Congo ou des sources du Nil et qui, adouci de riz à l'annamite, vous pique agréablement la gorge, tout en fondant délicieusement dans la bouche... Mes entrailles ont payé, de longs jours durant, l'aimable insistance que mit notre hôte à m'en faire déguster les copieux poivres et piments! Il m'en cuisit fort mais je ne regrette rien! C'était si bon!

Le général jubilait, car les nuits précédentes, il avait joué et réussi un tour splendide aux Boches et cela presque sans pertes :

Dans le secteur de sa division, mille mètres séparaient les tranchées allemandes des françaises, c'était évidemment beaucoup trop pour un départ d'offensive.

Une belle nuit, les quatre régiments de la division, chaque soldat un outil à la main, se portèrent à proximité des ouvrages ennemis, tandis que notre artillerie déclanchait un tir intense sur la première ligne allemande.

Les Boches, surpris, crurent à une préparation d'attaque, et ripostèrent par un violent barrage, sur nos premières lignes et... par-dessus la tête de l'armée des travailleurs.

Cette vraie comédie dura toute la nuit; nos poilus piochèrent si bien et si tranquillement sous la voûte de mitraille, que le lendemain, comme une tête de bélier, tout un système de tranchées et de boyaux avançaient un gigantesque coin menaçant dans la plaine, nue quelques heures auparavant.

Et, depuis, chaque soir courant moins de danger que la veille, la formidable équipe creusait et piochait.

— C'est un quart de la victoire assuré, conclut le général, en se frottant les mains, et je n'ai pas perdu cent hommes.

— Ce qu'il ne vous dit pas, me murmura mon voisin de table, c'est que, chaque nuit, tandis que son armée entière, prise entre deux feux, exécute son audacieuse besogne, lui est là, partout à la fois.

« Chaque matin, quand ils quittent le champ de bataille, tous ses poilus peuvent affirmer que tout le temps Il était près d'eux.

« Plusieurs Lui ont parlé. Quelques-uns même, surpris dans un geste héroïque ou dans un coin plus exposé, ont vu soudain une ombre surgir près d'eux, leur demander leur nom et leur attacher sur le cœur une croix de guerre. Croyez-moi, ça, c'est un autre quart de la victoire !

« Au reste, ajouta mon interlocuteur, le général n'a aucun mérite à être si brave, puisque, maintenant, il est assuré, comme peu d'hommes, de bonheur et de chance jusqu'à la fin de ses jours ; l'histoire est un peu gauloise, surtout à table, mais elle est drôle.

« Vous voyez, là-bas, l'officier d'ordonnance, cet élégant cavalier, au demeurant notre plus cordial ami, c'est le chien fidèle du général; aussi intrépide que lui, il ne le lâche pas d'une semelle; aussi infatigable, il est le seul parmi nous qui résiste et ne soit pas déjà sur les dents.

« L'autre nuit, son patron, qui, à son habitude, n'avait pas cessé de trotter, voulut profiter d'un moment de calme pour se reposer. Il pria donc son garde du corps de lui dénicher un coin tranquille. Notre camarade se met en quête et découvre bientôt un boyau en cul-de-sac où, pendant une heure, notre chef put reposer, l'âme en paix.

« Hélas!... Comment dirais-je convenablement? Le boyau servait de « feuillées » et le général « en » avait du talon de la botte au col du dolman!

« Avouez que s'il n'est pas « verni » après ça!

« Il en rit, d'ailleurs, bien volontiers et dit à qui veut l'entendre que c'est une incroyable fortune de posséder un officier d'ordonnance poussant la prévenance jusqu'à ce point!... »

Quelques jours après ce repas, il la devait pousser plus loin encore :

Il fut, pendant l'attaque, brutalement jeté à terre par le même obus qui blessait gravement son chef!

Tout meurtri, il se relevait et, domptant ses souffrances, trouvait assez d'énergie, de bravoure et de présence d'esprit, pour emporter dans ses bras le général loin de la mitraille et l'amener directement jusqu'à la table d'opération, où une intervention chirurgicale immédiate lui sauvait la vie!...

... Le repas est fini, l'auto est là, le général a pris le volant et, à toute vitesse, nous filons vers les lignes...

Constamment, Il corne; la trompe rend un mugissement étrange : quelque chose comme le coup de langue d'un énorme clairon.

Elle s'entend de fort loin et, visiblement bien connue, elle provoque à l'avance un amusant déblayage des routes encombrées : chariots de parc, guimbardes de ravitaillement, caissons se précipitent affolés, sur les bas côtés, jusque dans les fossés. Dame! c'est que le général entend bien ne jamais ralentir et aime la voie libre.

Bientôt nous dépassons un formidable cordon de pièces de tous calibres, qui n'attendent qu'un signal pour écraser l'ennemi et dont les énormes casemates sont serrées les unes contre les autres, presque à se toucher.

Puis, nous enfilons un layon tracé exprès par Lui dans les arbres et, de temps en temps, un trou de marmite exige une brusque embardée qui ne ralentit point la vitesse endiablée.

Enfin, on s'arrête court à l'orée d'un bois, près d'un boyau; on saute à terre.

Déjà, de son pas élastique et rapide, le général a pris les devants; nous n'avons pas fait cent mètres que nous sommes fixés — non sans inquiétude — sur ses qualités de marcheur; on sent qu'Il les a acquises dans des contrées où les distances entre deux points habités se chiffrent par centaines de kilomètres et il nous faut mettre en jeu toute la vigueur de nos jarrets pour ne pas perdre le contact.

Le boyau que nous suivons est magnifique; c'est une manière de ruelle de quelque quatre kilomètres; il est destiné à l'évacuation des blessés; sa largeur est telle qu'un brancard peut y passer et qu'un planton nous croise à bicyclette et, cependant, il est si bien tracé et si profond qu'on y est abrité des marmites que les Boches s'efforcent d'y placer.

A un croisement, notre guide s'arrête :

— Mon poste d'observation, fait-il, avec la satisfaction évidente du bon propriétaire qui fait visiter son immeuble.

De fait, le poste est bien choisi. On domine le paysage ; tout à l'entour, on voit comme une mer glauque et moutonneuse, c'est la plaine de Champagne, grillée de soleil, où courent les vagues pressées et confondues des tranchées, que couronne comme une écume la craie éblouissante de blancheur.

De là, on peut tout commander par les centaines de lignes téléphoniques qui filent, par des boyaux spéciaux, aux plus lointaines batteries comme aux plus extrêmes tranchées.

Un abri, solidement blindé et bien enterré, permet d'observer, même en cas d'intense bombardement, grâce à des périscopes intérieurs dont les glaces luisent parmi les pierres...

Coup sur coup, nous sommes les muets témoins de deux petites scènes qui nous fixent vite sur les qualités de chef du général.

On lui rend compte que, depuis une heure, une demi-douzaine de soldats viennent d'être blessés dans une tranchée de soutien violemment bombardée.

Et lui qui, un instant avant, nous disait sans émotion que sa division était vouée à la mort et qu'il l'y mènerait joyeusement si les vivants qui suivraient trouvaient la trouée faite, se met en grande colère devant ces pertes légères, mais inutiles, et par téléphone nous l'entendons passer « un poil » très sévère au commandant de la compagnie éprouvée :

— Il aurait dû évacuer, ne laisser que les guetteurs strictement nécessaires !

« Vous le savez, pourtant, mes ordres sont formels et bien nets, absolus ! De ces pertes-là vous êtes responsable, car elles sont inutiles, navrantes !

« Prenez immédiatement les dispositions que vous auriez dû prendre dès le premier obus. »

Ensuite, c'est le monologue suivant, adressé à un téléphoniste d'un « central » qui n'avait répondu qu'au bout de dix minutes à son appel.

— Allo ! Pourquoi ne répondez-vous pas plus vite ?

. . . .

— Voici dix minutes que je vous sonne !

. . . .

— Bien! Je suis le général M... Comment vous appelez-vous?

. . . .

— Bien! Je vous inflige quinze jours de prison : vous avez un poste délicat et qui exige une conscience absolue. Vous ne savez donc pas quel mal peut faire à toute une armée un retard de dix minutes dans une communication téléphonique? Ou plutôt, vous êtes intelligent, vous pouvez donc l'imaginer sans peine!

« Cette punition n'est pas en rapport avec la gravité de votre faute, qui est plus grave que celle de la sentinelle abandonnant son poste. La prochaine fois, vous serez fusillé! »

Sévère, mais juste, ma foi!

Mais on ne reste jamais longtemps à la même place; la course reprend de plus belle. Tout en marchant, le général nous détaille le paysage, nous montre l'ancienne première ligne que les Boches marmitent avec une imbécile conviction. Il nous fait visiter une foule de travaux en cours, une place d'armes monstrueuse. Il nous désigne ce qui sera entrepris la nuit prochaine et dont le piquetage fut établi par lui-même, le matin.

Mais ce n'est pas lui qui nous donne ce détail. Il ne parle jamais que de « sa division ».

— Ah! voici votre travail : ce réseau qui barre cette route, il faut me le balayer! Combien de temps et de torpilles sont-ils nécessaires? Comptez largement.

Nous nous consultons un instant; le travail est facile; mon capitaine répond :

— Je garantis de tout raser en un jour, avec quatre cents torpilles.

— Bien! Vous en aurez douze cents et vous aurez trois jours. Il faut qu'on passe là!

... Et il n'y avait pas un seul mot à ajouter.

— Combien de canons pour cela?

— Quatre!

— Tant mieux! Il y a de quoi employer les autres. Venez voir maintenant le coin où j'ai pensé vous mettre. Mais, rappelez-vous que vous êtes artilleurs et que je suis fantassin... sans amour-propre!

Nous nous lançons à nouveau dans les boyaux. Un instant, on s'arrête sous prétexte de souffler; nous jetons un coup d'œil par-dessus le parapet; nous sommes dans une petite cuvette, au long d'une route; nous nous orientons : « Ce serait un emplacement parfait. »

— Allons, s'écrie le général tout joyeux, c'est mon coin, mais je voulais être sûr qu'il vous plût!

On repart, toujours à la même allure : tranchées de première ligne, tranchées de seconde ligne, boyaux, Il ne nous fait pas grâce d'un pied de terrain!

Lui, se dirige sans une hésitation dans un dédale qui lui est visiblement familier. Quand nous passons près des poilus, ceux-ci saluent avec un respect qu'on sent nuancé d'une pointe de sympathie.

— Comment je m'appelle? dit-il brusquement à l'un d'eux.

Et l'autre, sans sourciller, répond par le nom tout court, ce qui n'est pas réglementaire du tout, mais, ici, est passé à l'état d'habitude.

Il voit tout, interroge, ordonne continuellement. Ici, c'est un blessé :

— Quelle blessure? A quelle heure? Comment es-tu encore là? Souffres-tu? T'a-t-on donné à boire?

Là, c'est un guetteur qui, l'œil au créneau de sa mitrailleuse, ne nous a pas vus venir.

La main du général le fait sursauter, en le touchant à l'épaule :

— As-tu vu quelque chose, aujourd'hui?

— Oui, mon général! Quatre Boches, tout à l'heure, qui ont rafistolé là-bas leur réseau. Je les ai eus sous le nez pendant une demi-heure!

— As-tu tiré dessus?

— Non, mon général.

— Pourquoi?

— Vous l'avez défendu!

— Ça t'embête?

— Dame, ça fait rager!

— Pourquoi est-ce que je le défends?

— Pour qu'on ne sache pas où est la mitrailleuse et si la tranchée est occupée, je pense.

— Alors, j'ai raison?

— Peut-être, mais c'est pas rigolo d'être guetteur et de ne rien faire!...

Plus loin, nous arrivons à la parallèle

creusée la nuit dernière; les Boches l'ont fort bombardée, elle est en partie culbutée et il y a eu un peu de casse, un adjudant a été tué, son corps est sur le bled, on l'enlèvera ce soir, car le Boche est proche.

— Où est-ce?

Et, se courbant à peine, le général va à découvert jusqu'au mort et recueille lui-même les papiers et objets personnels du sous-officier.

Dans la tranchée voisine, tous les poilus ont vu le geste, et leurs regards en disent très long!

Nous continuons... encore des boyaux, des tranchées, et le pas du général, s'il est possible, semble s'accélérer sous le ciel torride.

— Tout ça, ça ne date pas de huit jours, déclare-t-il de temps à autre; nous avons creusé plus de trente kilomètres!

Ma foi, je crois que nous les avons tous

parcourus? Je commence à être fourbu; mon capitaine s'éponge, le lieutenant souffle un peu. Pour comble de malheur, un obus m'envoie rouler dans les jambes de notre mentor.

— Pas de mal? fait celui-ci, en me tendant la main.

Je me relève, en riant un peu jaune, car j'ai reçu une fameuse gifle et suis passablement meurtri, mais, devant Lui, je crois qu'avec une jambe cassée, j'aurais affirmé ne rien avoir.

Et l'on trotte, on trotte... encore s'excuse-t-Il en nous quittant, de le faire si vite : « Il tient à revenir passer la nuit et il ne lui reste que deux heures pour retourner à son poste, souper et... recommencer!... »

Le déjeuner avait été parfait, le digestif plus que parfait, mais, tandis que nous le voyions s'éloigner, comme les nègres des pays lointains nous nous demandions tout bas si ce diable de général n'était pas un peu sorcier, en constatant comment, si vite, il nous avait « pris le cœur »!

Il pouvait « compter sur nous »!

TROIS PAGES DE NOTES DE BATAILLE

23 septembre. Quatorze heures. — Alors, mes enfants, nous y sommes?

— A vos ordres, mon capitaine!

Un dernier coup d'œil un peu ému à notre chambre de passage, à tous ces riens de notre vie quotidienne que nous ne reverrons peut-être jamais et nous voilà partis, pour la grande bataille qui, si Dieu veut, décidera du sort du monde civilisé.

Quel temps splendide, le soleil brille radieux au zénith, il semble en fête, nos cœurs le sont aussi!

Bientôt nous quittons le capitaine.

— A trois heures tapant, ouvrez la danse! Bonne chance!

Ses pièces sont à droite, à Luna-Park, les miennes au centre, à Magic-City, celles du lieutenant à gauche, à Olympia. Noms de lieux de plaisir, noms de positions de crapouillots, a voulu le général dans une boutade, une nuit que, selon sa belle habitude, il parcourait « ses » tranchées et qu'il s'était égaré dans le dédale de nos emplacements comme dans le labyrinthe de la Porte-Maillot...

Nous voici dans les ruines d'un petit village; il y a juste un an, les nôtres les ont prises aux Boches... ceux-ci en ont encore les lisières, mais pas pour bien longtemps sans doute.

La rue est pleine de monde, cependant l'ennemi est proche et, à chaque instant, une volée de mitraille claque sur les pierres, mais personne ne paraît même y prendre garde.

Un grand escogriffe de marsouin, la poitrine nue, se rase tranquillement devant un bout de glace fiché dans une poutre. Au moment où nous passons, une balle de shrapnell vient réduire le miroir en miettes.

Le poilu trépigne de colère :

— N. de D., tas de salauds, vaches. Vous cassez le Saint-Gobain de Jean-Baptiste ! Eh bien, vous me la paierez celle-là, et plus cher qu'elle ne vaut, et pas en monnaie de singe ! Vous pourrez venir en faire, des kamarades ! Têtes carrées, satyres !

Amusés, nous passons, mais longtemps l'écho des vigoureuses invectives domine le tumulte... Un bout de boyau, on se sépare :

— A Dieu, bonne chance, bon travail, envoie-moi des nouvelles !

— Des en noir ou des en couleurs?

— Des en couleurs, ça vaudra mieux!

On plaisante, mais bien au fond, pour ne pas le montrer, une angoisse me serre le cœur : il y a tant de chances qu'on ne se revoie plus!

Quel dédale! Voici quinze jours que je passe par ici et cependant chaque jour je me perds plus aisément, car d'une nuit à l'autre naissent boyaux nouveaux, abris, places d'armes! Heureusement la tranchée boche n'est pas loin, elle sert de repère par-dessus le parapet.

— Aïe! y a du monde!

De tout le poids de ma botte ferrée, je viens d'écraser le pied d'un malheureux fantassin qui dormait béatement, assis sur sa banquette. Il le tient à deux mains, il a les yeux furibonds.

Connaissant les usages de bon ton, j'ouvre déjà la bouche pour m'informer poliment « si je lui ai fait mal » ? quand une raie lumineuse strie l'air entre nous et, juste à l'endroit où nos deux pieds viennent de se « serrer », un petit bout de métal brillant, gros comme une noix, se fiche en terre avec un bruit mat.

Instantanément, le poilu se fait souriant et, de son casque, fort drôlement, en un grand geste arrondi, me salue à la mousquetaire :

— Mille grâces, mon lieutenant. Ne vous gênez pas pour recommencer la prochaine fois !

— Pas de veine, c'était la fine blessure, blague un voisin.

Mais lui rouspète :

— Ah non ! au pied, la veille du bal !

Enfin, voici Magic-City. Tout est prêt, les hommes sont impatients.

Quel bel objectif pour un crapouillot ! Pas de mise en direction délicate à la boussole. Notre but s'étale inondé de soleil, bien en vue, sur la pente d'en face. C'est une ligne de fils de fer barbelés de 30 mètres de large, barrière infranchissable pour une attaque. J'y dois faire 10 mètres de brèche, c'est un jeu. Il faudra que les Boches se hâtent s'ils veulent nous museler à temps!

Quinze heures. — Attention! Feu!

Les trois torpilles partent ensemble. Ah! la gracieuse trajectoire et la splendide explosion! En plein réseau. Quand la fumée est dissipée, on peut voir déjà une belle place « balayée ».

— Allez-y, les gas! et... mettez-en!

Si l'on en met! Les trois pièces n'arrêtent pas, sans cesse on distingue une torpille qui monte ou qui redescend, explose ou part. Les pourvoyeurs suffisent à peine, ils sont en nage, il faut hurler les corrections aux pointeurs assourdis, et sans cesse me fâcher après les hommes et les gradés qui, pour mieux voir, sortent constamment à découvert. Quelques hommes ont quitté leurs chemises et c'est un beau spectacle que ces diables à demi nus, barbouillés de poudre, s'agitant dans les éclairs et la fumée des coups.

De tous côtés l'artillerie donne ; le bombardement de la tranchée allemande est splendide et terrifiant. Un immense arc de cercle en feu nous entoure, les obus de tous calibres y explosent sans discontinuer et l'œil se plaît au curieux mélange des fumées multicolores qui sans cesse se renouvellent et se mêlent : les noirs 120, les blancs 105, les vertes torpilles se fondent au soleil en superbes nuances orangées, mauves, grises, qui se détachent sur le pur azur du ciel.

— Dans les sapes, Fritz ne doit pas l'avoir à l'eau de rose, murmure un poilu pensif, et il en a pour trois jours comme ça!

Mais qu'est-ce que ce vacarme qui, régulier comme une horloge, fait d'instinct rentrer la tête dans les épaules tandis que les yeux s'étonnent de ne pas voir courir dans l'espace quelque gigantesque locomotive de train express; ce sont les 270, ils arrivent par quatre à la fois et allument quatre monstrueux volcans dans des blockhaus qu'on aperçoit plus à gauche. « V'là l'Métro! » disent les poilus.

Dzing! Une explosion métallique nous sonne aux oreilles... On change de place. Dès qu'on se montre à nouveau... une autre... C'est un canon-revolver qui nous prend à partie; chaque fois qu'une tête dépasse le parapet, l'obus arrive. Pour régler, il faut cependant bien regarder; heureusement ces obus-là sont camelotés, et si l'on fait très vite ils arrivent toujours une demi-seconde trop tard.

Les torpilles filent; à droite, j'aperçois au loin celles du capitaine; à gauche, celles du lieutenant. Hardi, les gas!

Je cours un peu en arrière dans une tranchée à demi bouleversée qui domine nos emplacements. Les Boches s'acharnent depuis ce matin à la bombarder, ils ont bien raison : elle est vide! Bien accoté au parapet, au creux d'un redan, j'éprouve une réelle jouissance d'artilleur, tout en contrôlant l'efficacité de mon tir, à voir mes confrères d'en face gaspiller si largement leurs shrapnells; ceux-ci pleuvent drus comme grêle, pulvérisant la craie, hachant les fascines. Les artilleurs allemands doivent être contents, car leur tir est bien réglé et l'ouvrage doit leur sembler intenable... et pourtant, avec un peu de précaution, on s'y sent presque en sécurité.

Je retourne à mes hommes, ils semblent

fatigués. En deux heures, trois cents torpilles expédiées on voit où : dans le beau réseau de tout à l'heure, il y a une allée blanche, large de 40 mètres au moins, que la lorgnette fouille vainement sans pouvoir découvrir un vestige de défense. Le souffle des explosions a tout rasé, tout balayé : piquets, fils de fer, chevaux de frise ; on y passerait à cheval : la place est nette.

Ravi, je téléphone au commandant :

— Un nouvel objectif? J'en ai fini avec le premier !

— Vous aussi! Fort bien. Continuez.

— Plus de munitions!

— Vous en aurez. Ne vous occupez de rien.

— Mais!... les communications ne se prolongent jamais avec le colonel commandant l'artillerie ; déjà, je suis coupé !

— En tout cas, c'est clair et net, dis-je à mes hommes : dormir ce soir, tirer demain.

Ils me regardent sceptiques. Nous les connaissons, ces ravitaillements en torpilles : on en doit recevoir deux cents, il en arrive la moitié, l'autre a été « oubliée » par les porteurs le long du chemin et il faut aller les rechercher. Or, ce soir après la rude journée, une bonne nuit serait la bienvenue, d'autant qu'il y a pour le moins cinq kilomètres de tranchées à parcourir. Je suis vaguement inquiet, mais je me souviens que le général lui-même nous a promis ce ravitaillement et que, comme mon capitaine, incrédule, émettait respectueusement des doutes sur sa réalisation, le général s'était pris à sourire en disant :

— Vous me connaissez encore mal!

J'attends. Je m'installe au fond du boyau et, à la lumière d'une bougie blottie dans une niche en pleine craie, j'écris aux miens et couvre quelques feuillets de notes.

— Ah! enfin, les voilà, ces sacrés crapouillots!

C'est un commandant qui débouche sur moi suivi... de son bataillon, officiers compris; chaque homme porte une torpille sur l'épaule. Nous le connaissions mal, en effet, le général!

— C'est égal, murmure un de mes hommes émerveillé, c'que c'est torché, tout son fourbi!

Nous prenons notre part. Et, bougonnant un peu, le commandant et sa corvée continuent la tournée de distribution.

24 septembre. Six heures du matin. — Il paraît que ça a un peu craché près de nous. Ma foi, je n'ai rien entendu et en ai « écrasé » sérieusement sur la terre nue. Où est-il le temps où je me figurais, bien à tort, qu'un bon lit était le premier élément d'une bonne nuit!

Vite à l'ouvrage, les camarades! Olympia et Magic-City tirent déjà, leurs gros éclatements n'arrêtent pas. Le plein de munitions a donc été fait chez eux aussi.

Bon! Une tuile! Les gargousses sont à simple charge et je dois tirer à charge forte. Heureusement, il y a quelques appoints chez le capitaine et chez le lieutenant. Tout en tirant, on fabriquera les nouvelles gargousses. C'est un peu de travail en plus.

Me voici revenu à mon observatoire d'hier; le bombardement sur la tranchée boche continue :

— Fritz doit trouver le temps long. Bon courage, kamarade! tu en es à la moitié, et demain Rosalie te fera pour l'éternité oublier le tout!

Mon poste devient malsain, ce ne sont plus les shrapnells seuls qui dégringolent sur la tranchée vide, mais de temps à autre, un gros « noir » bien ajusté la visite. Un éclat me frôle le genou. Ceci est un avertissement du ciel; je m'écarte de cette région inhospitalière. Les Boches, d'ailleurs, sont visiblement plus nerveux qu'hier, ils écrasent de copieux barrages l'arrière des positions et cherchent à contrebattre les batteries françaises. Aux instants d'accalmie, on perçoit très haut dans le ciel le bruissement des grosses marmites qui cheminent.

Douce surprise, le canon-revolver ne nous a lâché qu'à peine un obus par-ci, par-là, toujours aussi inoffensif ; par contre, il s'en prend avec une rage de roquet aux positions de mon camarade, dont il semble être tout près. L'imprudent! Qu'il se méfie du lieutenant! Nous remarquons d'ailleurs que les pièces de celui-ci n'en continuent pas moins leur tir précipité. Sans cesse, on voit quelque torpille en l'air. Là-bas, à droite, le capitaine encaisse aussi et tire quand même; mais je suis effrayé de voir les volutes de fumée noire qui, par instants, enveloppent ses pièces : c'est du gros !

Mon coin, par contre, est calme et cependant quel bel exercice d'apprenti ce serait pour un artilleur boche de régler un tir d'écrasement sur moi; je suis bien sûr que, à cause de la pente, on peut voir de la ligne ennemie non seulement le détail de nos abris, mais aussi l'éclair de chaque départ. Je ne me plains pas au ciel de l'oubli où je vis dans la distribution générale.

Une main vigoureuse m'écrase l'épaule :

— Bravo! monsieur le portier, voilà ce qui s'appelle ouvrir largement la voie. Capitaine Lasseron, de la Coloniale!

Je me rengorge.

— Mais vous savez, poursuit-il, vous

n'étiez pas nécessaire. Demain, je le sens, mes hommes sont décidés à passer. Grâce à vous on ira plus loin plus facilement, c'est déjà beaucoup !

Et joyeusement, le capitaine m'emmène à sa sape, une sape de veille d'attaque avec une mince tôle ondulée par-dessus.

— A l'épreuve des fusées éclairantes, me dit-il en riant, car pour les calibres plus forts, je ne garantis absolument rien. Vous venez dîner ce soir si le logis vous plaît, menu épatant : bœuf et pommes.

Le tir de mes pièces s'est très sensiblement ralenti; la craie de Champagne résiste très mal aux chocs répétés des départs, à chaque coup la pièce bascule dans la tranchée et l'on doit la relever. Les hommes sont vannés, mais ils tireront tout.

Quatorze heures. — Allons! on ne déjeunera pas ce matin. Tant pis pour le dîner du capitaine ; nos repas ont dû rester en chemin. J'ai quelques conserves dans ma musette, il sera temps de les distribuer ce soir si les hommes n'ont encore rien à se mettre sous la dent, ce qui est bien probable.

Je vais rendre visite à mon camarade dont j'ai remarqué que les pièces ne tiraient plus. En approchant, je vois tous les marsouins couler des regards émerveillés par les embrasures. Je les imite...

Le fou ! Le lieutenant est là-bas, à cinquante mètres tout au plus des derniers débris de fils de fer ennemis, dans un petit poste que d'ordinaire le jour on fait évacuer par nos guetteurs comme trop dangereux. Il est assis sur le parapet et cause, le plus tranquillement du monde, avec un capitaine de coloniale. A côté de lui, j'aperçois son téléphone et son appareil photographique. Il a bien travaillé ;

le réseau devant lui aussi est « kapout » presque partout.

— Qu'est-ce qu'il peut bien fabriquer là-bas? dis-je à un téléphoniste qui flâne dans un boyau.

Celui-ci me répond avec orgueil :

— Nous venons de fermer la gueule à un canon boche et nous avons tué un lièvre ! Ce soir, si le général nous laisse faire, on ira chercher les deux avec le lieutenant. D'ailleurs, on les voit d'ici.

De fait, on aperçoit, sournoise à fleur de terre, au milieu d'un chaos de poutrelles et de rails tordus, une coupole d'acier qui luit au soleil; en regardant bien, on voit même un petit bout de tube qui sort d'une embrasure. L'ennemi est bien mort puisqu'il se tait !

— Voulez-vous que je vous y conduise? continue le poilu.

Je le remercie, car je suis encore sain

d'esprit et aucunement candidat au suicide. Ce serait réellement dommage de ne pas voir demain !

Seize heures. — Je reviens auprès de mes hommes, ils sont à bout de munitions. Cependant, ils me regardent d'une drôle de manière et finissent par éclater de rire tandis que je renifle un vague parfum d'éther et me frotte instinctivement les yeux. Ce sont probablement les fameux obus lacrymogènes qui nous ont visités. Un de mes pointeurs pleure comme un veau ; il est, de plus, complètement sourd. Il fait la joie de ses camarades, de fort bon cœur d'ailleurs.

Ouf ! la dernière gargousse est tirée, les hommes se laissent tomber... et toujours pas l'ombre d'un cuistot à l'horizon.

— Ils auront culbuté le frichti dans un boyau, dit un homme.

— Maladroits ! repart un autre, c'était

notre boyau qu'était le bon, culbute pour culbute ! — Affreux !

Je livre mon bien, ça fera une demi-sardine par tête, mais je ne suis pas inquiet; ils ne seraient pas dignes d'être crapouillots s'ils ne trouvaient dans les environs quelque boîte de singe ou quelque boule à « acheter ».

Heureusement, l'on n'a pas soif, grâce au grand chef : il a eu en plein champ de bataille, au nez du Boche, l'idée de génie de faire forer un puits abrité par une estacade de sacs à terre et d'y installer une pompe. Depuis hier, l'eau coule et des milliers de gosiers se désaltèrent joyeusement à la santé du général.

— Sacré M..., ronchonne le plus ivrogne de mon équipe, c'est pourtant lui qui est cause que je bois de l'eau pure pour la première fois depuis que ma mère nourrice m'a sevré ! Et je trouve ça bon !

Dix-huit heures. — Mon lieutenant, le capitaine vous attend pour l'apéro, me jette, non sans fatuité, l'ordonnance de Lasseron.

— L'apéro! bigre, j'y cours.

En réalité, je ne cours pas, je me traîne, car j'ai les jambes qui me rentrent dans le corps et l'estomac dans les talons.

Ah! Dubonnet! Dubonnet! je n'ai pas l'honneur de te connaître, ni aucun avantage à glorifier ton divin breuvage! Mais notre repas fut un concert de louanges à ton adresse. La bonne, la douce chaleur qui glissait dans mes veines, réchauffait le sang, dégageait le front et rebandait les muscles.

Nous étions quatre... la bouteille y passa; la brave bouteille, elle avait bien mérité ce sort glorieux : son porteur avait été blessé dans les boyaux; rescapée, elle avait, le matin même, été ensevelie sous un abri, d'où, toute rouge de sang humain, on l'avait déterrée, intacte encore après la visite d'un quinze !

Le dîner était froid ; aussi, le réchaud à alcool que mon ordonnance, plein de précautions, avait glissé au fond de ma musette, fut-il reçu comme un vrai sauveur.

Tandis qu'à belles dents on dévore singe et beefsteack, le capitaine donne les derniers ordres. Il est superbe de vaillante bonne humeur et d'entrain, comme d'ailleurs l'adjudant et le chef qui sont avec lui.

— Voyez-vous, me dit-il, je veux bien dormir cette nuit-ci pour ma dernière nuit. Ça m'est égal de mourir demain, car ce sera une belle journée pour la France. Mais Dieu fasse que je tombe de l'autre côté de la tranchée boche !

Nous nous quittons et dans la nuit noire j'entends encore sa belle voix me crier :

— A Dieu! Demain soir à cette heure-ci, je serai à Vouziers ou tué!

Brave capitaine, il dort maintenant du sommeil éternel, mais il est tombé comme il le voulait, de l'autre côté de la tranchée allemande, que sa vaillance venait de conquérir.

Vingt heures. — Je vais voir le patron.

Un orage monte et obscurcit tout. Mais quel marmitage, ça dégringole partout, inutile donc de s'abriter. Il faut marcher vite.

En approchant de Luna Park, je suis inquiet, j'ai bien du mal à retrouver mon chemin tant tout est bouleversé, retourné; j'ose à peine demander des nouvelles.

Mon capitaine me reçoit en m'embrassant :

— Pas de casse?

— Pas trop! toujours l'étoile de la batterie!

Et tout en riant un peu nerveusement, nous nous rappelons qu'hier matin, le général nous répondit avec une affectueuse commisération, quand nous lui demandions des ordres pour après l'attaque.

— Mes pauvres amis, n'ayez crainte, votre batterie aura une remplaçante!

Cependant, le capitaine peut se vanter de l'avoir échappé belle aujourd'hui. Cet après-midi, il était à son observatoire et venait de prendre une photographie du bombardement. Pour escamoter la plaque plus facilement, il fait un pas en arrière. Un obus lui rase la poitrine au travers des sacs derrière lesquels il s'abritait une demi-seconde auparavant et percute dans le parapet. Tout le monde est culbuté, couvert de terre. On se relève en riant, on s'époussette.

— Mon capitaine! Vous n'avez rien?

C'est un sous-officier un peu pâle.

— Non, rien du tout!

— Est-ce que ça vous gênera beaucoup, si je m'en vais? Car il vaudrait peut-être mieux que j'aille me faire panser.

Et froidement, déboutonnant sa vareuse, il montre qu'un éclat vient de lui traverser l'épaule de part en part...

J'écris un mot aux miens, complètement dans l'obscurité, puis je retourne pour recevoir mes torpilles. Au capitaine, le commandement ne veut plus en envoyer : c'est inutile, il n'a plus d'objectif!

Le beau retour! Le bombardement boche est presque fini, mais le nôtre ne diminue pas, aussi on est tranquille, pas un coup de feu ne part de la première ligne ennemie. Heureusement, car il y a des masses de soldats sur le bled; des groupes de travailleurs abattent les parapets à tour de bras; d'autres construisent, sur les boyaux, des ponts par lesquels la cavalerie et l'artillerie marcheront en avant demain; d'autres enfin, à une centaine de mètres des fils de fer allemands, creusent avec frénésie une parallèle; ce sera demain matin l'abri de départ de la première vague. Il y a tant de monde partout que pour circuler, je dois passer entre les deux lignes... et j'entends un officier faire une observation à un poilu qui, sans se gêner, allumait là sa pipe avec son briquet !

Les torpilles sont déjà arrivées. Je m'endors sur mes notes. Il faudra se lever de bonne heure demain.

25 septembre. Six heures. —Ah! bien oui, de bonne heure! Nous avons dormi comme des loirs malgré quelques gouttes d'eau. Le temps est couvert, quel dommage pour nos fantassins! Vite à l'ouvrage! Le lieutenant m'a communiqué un ordre. On va s'amuser; je dois chercher à rejoindre ses coups, mais déjà son objectif est si loin qu'une seule de mes pièces peut le faire et encore obliquement; quant aux deux autres pièces, je suis libre de les utiliser à ma guise. Il y a deux blockhaus là-haut, ils auront leur ration.

On m'amène le pointeur qui pleurait si bien hier, il n'y voit presque plus et une sorte de pus colle ses paupières. Je veux le faire conduire à l'arrière. C'est à peine s'il ne me répond pas par une bordée d'injures. J'ai beau lui représenter combien c'est grave, qu'il peut devenir aveugle.

— Un camarade me remplacera pour donner la hausse, le reste ça peut se faire les yeux fermés.

Et il demeure, comme d'ailleurs, deux jours plus tard, à une autre attaque, il est demeuré jusqu'au bout avec ses camarades qu'il avait absolument tenu à accompagner... Il en est revenu la vue perdue.

Je dois plus que jamais me fâcher pour faire terrer mon monde. Ce qui me console, c'est que je ne suis pas le seul à me montrer. Ce matin, les poilus de l'Olympia sont continuellement hors de la tranchée, leur lieutenant est debout sur le bled et me fait de la télégraphie Chappe pour marquer nos jolis coups. Mes poilus lui rendent la politesse en poussant des hourras à ses « belles torpilles ». Les derniers débris de réseaux battus de deux côtés s'émiettent en lambeaux, on s'acharne sur ces lambeaux, un piquet isolé devient un objectif, on l'arrose, on le fauche. Les marsouins, au passage, nous saluent tout joyeux : la route est libre sur plusieurs centaines de mètres. Une mitrailleuse boche a fini par repérer nos deux groupes, elle nous arrose, mais de très loin et fort mal; on voit les balles soulever la terre, tantôt à Magic-City, tantôt à Olympia. Quand ça approche trop, je redescends un instant... et les sacs à terre encaissent!

Voici les blockhaus disparus. J'arrose maintenant de mes torpilles la tranchée boche, mais sans conviction, car elle a déjà pris tant de gros obus que son compte doit être bien réglé.

Neuf heures. — Cessez le feu!

C'est dommage, il y a encore quelques torpilles, et, pendant qu'on y était! Je donne des ordres pour l'attaque. Tout le monde au fond des sapes! Personne dehors!

Le ciel nous a protégés, puisque nous n'avons eu aucune perte. Il serait stupide d'en avoir maintenant. Or, il n'est pas douteux que les Boches vont, aussitôt l'assaut, déclancher un violent tir de barrage sur les boyaux, en particulier sur celui auquel mes emplacements sont adossés.

Avec mes sous-officiers, nous montons

sur le bled : la parallèle de départ est garnie déjà. Les marsouins y sont tranquillement assis, le buste à découvert, ils fument, quelques-uns lisent le journal, d'autres, debout devant les lignes boches, font des signaux Morse avec de grands panneaux blancs, comme dans la cour d'un quartier. La canonnade a pris une effroyable intensité; les 75 crachent comme des mitrailleuses et les sifflements des obus font un immense mugissement qui domine le bruit même des explosions.

Neuf heures quinze. — L'assaut! Que c'est beau!

D'un seul bond, les hommes de la parallèle se sont dressés comme une muraille qu'hérissent les baïonnettes.

En avant! Sans un traînard, coude à coude, au pas, la vague immense s'ébranle et, formidable, gravit la pente. Je ne respire plus, car je sais que du travail de mes torpilles dépend en grande partie le succès de cet instant. Mes yeux ne m'ont-ils pas trompé? La place est-elle bien nette comme elle le paraît?

Hourra! Malgré moi, oubliant les ordres que je viens de donner, malgré la fusillade qui s'allume en face et la mitrailleuse de là-bas qui fait rage, j'appelle mes crapouillots! Le flot des soldats s'accélère, s'emporte, sans arrêt, sans pertes, il déferle sur la tranchée allemande, la submerge, la dépasse et disparaît de l'autre côté de la crête.

Sur la droite, la vague est arrivée aux fils de fer. Il y a quelques secondes d'hésitation, mais, soudain, comme à la parade, la colonne entière change de direction, et, longeant l'obstacle encore debout sans doute, le contourne, vient s'engouffrer dans notre passage et se déploie à nouveau vers la droite.

Sur la gauche, devant le lieutenant, les nôtres sont déjà loin. Tout là-bas, sur la droite, devant le capitaine, la tranchée est prise aussi. Les canons tonnent plus follement que jamais; les Boches répondent en un tir désordonné où tout se mêle : marmites et 77, les fusants claquent, les balles sifflent; dans les tranchées conquises, on entend crépiter les grenades des nettoyeurs.

Déjà la deuxième vague s'élance, puis la troisième. Là-bas, sur l'autre crête, par quelques échappées, plus d'un kilomètre en avant, dans la pluie fine qui tombe maintenant, on distingue les silhouettes bleues qui courent, courent toujours !

Crac! Un obus percute, à quelques pas de nous, en plein dans le trou à munitions où j'ai encore quelque quarante torpilles. Comment n'ont-elles pas sauté? J'y fais un bond ; décidément, nous avons la veine : un rail en fer, un seul, posé en travers, a tout encaissé en plein corps et nous a sauvés. Un second obus tombe sur un abri où est la moitié de mon personnel. De grands éclats de rire et des plaisanteries sont les seules réponses que j'obtiens quand je demande s'il y a de la casse.

L'air devient irrespirable, les obus asphyxiants pleuvent et les cagoules ne contribuent pas peu à entretenir la gaieté de mes poilus!

Dix heures trente. — Je n'y tiens plus. Je devrais cependant donner le bon exemple; je vais à la parallèle, un régiment y est massé, prêt à partir.

Des blessés reviennent; ceux qui ne souffrent pas trop rient, enthousiasmés; des mourants, en passant, se soulèvent sur leur civière pour crier :

— Allez-y, les gas! Vengez-nous!

Un sergent passe en sacrant :

— C'est dégoûtant, il n'y a pas, je suis obligé de m'en aller !

Il a trois balles dans le corps.

J'ai pris ma gourde en peau de bouc, elle est encore toute pleine et cependant voici tantôt deux jours qu'elle pend à un crochet de Magic-City, gardée par mes poilus à qui j'avais simplement dit :

— C'est pour les blessés.

Au passage, chacun boit une gorgée et bien des regards, fiévreux déjà, me remercient joyeusement de la bonne aubaine.

Une grande clameur s'élève : sur la crête, parmi les fusants dont leurs frères les inondent et les balles de leurs propres mitrailleuses, des centaines de prisonniers arrivent les bras levés, éperdus d'épouvante. Une expression de haine féroce se lit sur les visages des soldats qui m'entourent et je vois les mains se crisper nerveuses sur les crosses des fusils ; il suffirait d'un geste pour faire déclancher une affreuse tuerie. Les prisonniers s'en rendent compte; apeurés, ils se serrent les uns contre les autres et nous considèrent avec inquiétude. Les territoriaux qui les encadrent les laissent un instant souffler dans le vallonnement où nous sommes à peu près à l'abri. Quelques Allemands s'approchent de moi :

— Boire, murmurent-ils suppliants, pas bu depuis trois jours! — et leurs lèvres desséchées disent éloquemment les tortures endurées.

Je leur refuse durement, ils insistent; mes voisins les écartent avec leurs fusils. D'autres prisonniers arrivent et toujours la même chanson, les mêmes gros yeux bleus qui roulent : *trincken!*

En voici un qui vient seul, il semble ivre, son cœur bat si fort et il halète tant, qu'on voit sa poitrine palpiter d'une façon désordonnée, ses mains toutes rouges sont crispées dessus et l'on entend siffler l'air par un affreux trou qui a dû perforer le poumon. Lui aussi a aperçu ma gourde et un éclair de convoitise a illuminé sa face livide, il fait même un pas vers moi, mais comme il me voit rejeter férocement quelques-uns de ses compagnons, il reprend sa route douloureuse. C'est trop affreux, je vais lui donner à boire! Mais non, les gouttes sont comptées; tout à l'heure, des Français viendront, aussi blessés, pour lesquels je n'aurai plus rien... Ce serait faiblesse. Je veux puiser la force de refuser à l'ennemi dans la haine de ceux qui vont mourir. Je regarde mes voisins... tous ont une telle expression de pitié, ont tellement l'air de me supplier en faveur du misérable, que très vite, pour ne pas penser, je tends ma gourde...

Le malheureux! Il prend d'abord mon

geste pour une infâme plaisanterie, trouve la force de sourire et n'avance pas la main. Je dois lui crier :

— Mais bois donc, tu es blessé, toi !

Alors, goulûment il boit ; tout son pauvre corps pantelant tressaille de volupté au contact du liquide frais et les soubresauts de sa poitrine s'apaisent un peu.

Pour suivre ses compagnons, il doit descendre dans la tranchée, mais les secousses sont effroyables pour lui ; un instant, il hésite. Près de moi, vivement, un caporal a posé son fusil et doucement, avec les précautions d'une infirmière, il l'aide, le porte presque. Quand il reprend sa route, l'Allemand a deux larmes dans les yeux. Il murmure :

— Bons Français !

— Allons, les enfants ! Vive la France ! En avant !

D'une seule ruée, à la voix de son chef,

le régiment tout entier a bondi dans la mitraille... Mais j'ai eu le temps d'apercevoir le visage du bon caporal redevenu instantanément féroce et d'entendre hurler :

— Vous savez, c'est juré, pas de quartier!

Je reviens à Magic-City. Plus un poilu!

Avec une obéissance de... crapouillots après la bataille, ils sont partis. Pendant trois quarts d'heure, je les attends en rageant intérieurement; je leur ai préparé un petit discours de réception soigné en trois points.

Les voici, tous ensemble à travers le bled, ils reviennent directement de la tranchée boche où ils ont été piller; ils sont chargés, comme des baudets, de casques, de fusils. Celui qui marche en tête me dévisage, insolent. Furieux, je vais au-devant d'eux, mais avant que j'aie eu le temps d'ouvrir la bouche, le poilu me tend un browning encore plein de sang :

— Tenez, mon lieutenant, fait-il de sa voix faubourienne, pour que vous ne gueuliez pas trop, on vous a rapporté ça; c'était sur un Boche, dans un abri que nous avons crevé avec les torpilles !

Je rengaine du coup mon discours à la grande joie générale. Ils ont tous d'énormes cigares aux lèvres; c'est extraordinaire ce que l'on en trouve au fond des cagnas boches, paraît-il !

Et le lieutenant? Qu'est-il devenu dans cette aventure? Je serais bien surpris s'il n'avait rien fait d'extraordinaire. Tandis que je me dirige sur Olympia, je l'aperçois qui vient au-devant de moi :

— Bonjour, vieux...

Un 77 nous coupe la parole, il éclate assez loin, mais son caffût vient stupidement ricocher entre nous deux. Dans quel état est mon camarade ! couvert de boue de la tête aux pieds, mais riant plus fort que jamais; ses poilus, qu'il a cependant habitués à voir d'étranges choses, cette fois-ci sont éblouis.

Quand les marsouins sont montés à l'assaut, il est parti avec eux, son browning d'une main et... son appareil photographique de l'autre. Tout en chargeant, il s'est mis à « faire des clichés » bien certainement uniques en leur genre. Arrivé au parapet, comme il avait usé un film, il l'a tranquillement remplacé par un autre et s'est mêlé, tenant toujours son appareil, aux nettoyeurs de boyaux.

De sa propre main, il a « descendu » cinq adversaires.

Il l'a échappé de peu; un Allemand se sauvait devant lui d'un redan à l'autre; ils s'étaient déjà manqués mutuellement à plusieurs reprises, quand l'Allemand lève les bras au ciel en criant :

— Kamarade !

Le lieutenant s'approche pour le faire prisonnier ; selon l'habitude chère à nos ennemis, le Boche rabat soudain son arme et ajuste, mais il avait compté sans la promptitude du browning et sans l'adresse de mon compagnon..

Celui-ci d'ailleurs, nullement décontenancé, pose son pistolet, prend un cliché du corps tordu par les derniers soubresauts et ramasse, en souvenir, le fusil qui a failli si lâchement lui coûter l'existence.

Quand il revint à nos lignes, il fut à deux doigts de tomber sous les balles françaises ; il portait, en effet, un grand caoutchouc beige, et son casque, maculé dans les sapes, avait perdu toute couleur ; aussi, quand un peloton le vit surgir de l'ouvrage ennemi, il fut pris pour un officier boche et vingt fusils s'abattirent dans sa direction. Un « n... de Dieu » formidable, que, dans sa surprise, il lâcha de sa voix de stentor, immobilisa heureusement juste à temps les doigts sur les gâchettes.

Mon téléphoniste d'hier me montre fièrement le lièvre qu'il a été chercher aussitôt l'attaque; d'ailleurs, plusieurs crapouillots, malgré ses ordres, ont suivi leur officier; l'un d'eux a eu le bras cassé.

Le lieutenant m'entraîne voir notre travail. Les réseaux n'existent plus et là où nous avons atteint la tranchée, elle est nivelée.

Voici le canon-revolver; sa tourelle était une merveille, bien défilée, solidement blindée, actionnée à l'électricité. Les torpilles ont fait de la besogne particulièrement bonne dans ce coin-là : le canon est ébréché et les poutrelles de fer qui le protégeaient, protégeaient également deux mitrailleuses; elles ont été écrasées sous les décombres avec leurs servants. Quel mal n'aurait pas fait ce blockhaus s'il avait tenu même quelques instants! Nous prenons des photographies des coins les plus abîmés et faisons dans les sapes une moisson d'armes et de casques, souvenirs pour les nôtres.

Treize heures. — Les renforts! La cavalerie d'abord, ayant en tête des goumiers splendides dans leurs grands burnous bruns et sur leurs selles rouge vif, puis l'artillerie qui défile au grand trot sur la route, en dépit des marmites qui pleuvent; en un rien de temps, les pièces sont installées en plein champ et déclanchent un feu d'enfer; des régiments entiers de fantassins surgissent en vagues à travers la plaine et vont, sans cesse, renforcer les masses qui progressent en avant. Est-ce la victoire? Pourvu que la dernière ligne ennemie soit aussi disloquée que les premières!

Le tir allemand est devenu tout décousu ; on a l'impression nette du désarroi qui doit exister de l'autre côté. Sans cesse des convois de prisonniers arrivent, encadrés par des blessés de chez nous.

Quatorze heures. — Nos ordonnances sont arrivés avec nos déjeuners, mais la fatigue, les émotions nous coupent l'appétit.

Comme j'approche de mes pièces, j'aperçois mes poilus une fois de plus sur le bled, mais je n'ai pas de reproches à leur faire cette fois-ci, car « pour passer le temps » ils aident maintenant les blessés à franchir les boyaux et les guident vers les postes de secours.

Seize heures. — Sous la pluie fine, le corps à bout de résistance, mais le cœur bien fier et bien heureux, nous reprenons le chemin du cantonnement ; le lieutenant, tenant son lièvre par les oreilles, n'a pas un mince succès. Lui, d'ailleurs, d'ordinaire un brin coquet, est, je l'ai dit, dans un état de saleté repoussant, son houseau a été traversé par une balle, ainsi que l'épaule et la martingale de sa vareuse. Il n'a pas eu une égratignure.

Nous retrouvons le capitaine, intact également. La joie est complète : la batterie n'a pas eu un tué et a fait du riche et utile travail.

Les nerfs se détendent et, tandis que nous développons les photographies, le lieutenant résume à merveille le fond de nos pensées :

— C'est rigolo, vieux, n'est-ce pas, d'être encore vivants !

EN PROMENADE

Par le volet mi-clos, un rayon de soleil venait de m'éveiller et je m'étirais encore paresseusement, quand mon camarade, en costume primitif, entre-bâilla la porte.

— Si on allait aux tranchées boches?

Aux tranchées boches!... Le civil ou l'embusqué qui n'a jamais pris part à une attaque réussie ne peut imaginer comme ces mots sonnent joyeusement un lendemain de combat.

Nous avions vu de tout près la furieuse sortie des nôtres, mais, presque aussitôt, le rideau de la première crête nous avait empêchés d'en suivre le progrès et un désir, un peu enfantin peut-être, nous venait à l'âme, de fouler au pied le lambeau de notre France, enfin arraché, après quatorze mois, à la souillure de l'occupation allemande.

Je dois confesser que le capitaine mit fort peu d'empressement à acquiescer à notre demande de liberté. Heureusement, le ciel nous servit, sous forme d'un très vague ordre de reconnaissance, et « campos » nous fut donné pour la matinée.

Nous voilà donc partis, le lieutenant, son inséparable trompette et moi.

L'ancienne première ligne fut dépassée sans encombre, car les Boches, très bousculés, tiraillaient mollement. De notre côté, c'était presque le silence, surtout en comparaison du vacarme diabolique du jour précédent.

Par contre, en arrivant à la limite des

ouvrages conquis, nous trouvons un barrage sérieux; régulièrement, toutes les demi-minutes, un ou deux projectiles encadrent le chemin que nous devons suivre : les uns fusants, les autres percutants, tous bien ajustés.

Les Boches n'ignorent pas que les voitures et les cavaliers sont obligés de passer par cette voie, car à l'entour la plaine est déchirée de boyaux, coupée de fils de fer, la chaussée seule est libre.

Ils ont déjà fait une victime : un grand chariot de parc gît lamentablement sur le bas côté, ses roues sont brisées et, de la civière défoncée, s'échappent, telles les entrailles d'un ventre ouvert, des torpilles tordues et noircies... Auprès, un cheval blanc crevé baigne dans le sang.

Il s'agit de passer entre deux saluts.

— Allongeons! me crie le lieutenant en riant.

Nous rendons la main et serrons du mollet.

Nos bêtes semblent avoir compris le danger; le cou tendu, le poitrail déjeté, elles donnent tant qu'elles peuvent, au grand trot.

Nous avons mal calculé, un 15 siffle et explose; instinctivement, nous nous sommes couchés sur l'encolure et, parmi les éclats qui passent, j'en entends un gros bruire au ras du chanfrein de ma jument. Presque en même temps un fusant se déchire sur nos têtes.

— Rien? La veine! et le lieutenant de rire de plus belle.

Nous voici maintenant dans le bois; pas un chat à qui demander où est l'ennemi! Le chemin est jonché de débris d'arbres encore verts, d'équipements, d'éclats d'obus et de sang. Çà et là, un cadavre boche crispé dans une vilaine convulsion suprême.

Cette mortelle solitude nous emplit à la longue d'une sorte d'angoisse.

— Vois-tu qu'un Boche nous saute au nez!

Et nos yeux cherchent à percer le mystère des sapins qui nous bordent.

— Bah! on verra bien. Tant qu'ils ne tireront pas, il n'y aura pas de danger!

Soudain, au loin, quelqu'un traverse la route en courant.

Nous avons entrevu de la craie, un fusil, un casque... Ami ou ennemi?

Par prudence, nous mettons pied à terre, et tirant nos chevaux, nous allons voir : ce sont des nôtres, un peu ébahis, d'ailleurs, que nous soyons là avec nos montures.

— Où est le colonel?

— Plus loin, dans le bois, à Sadowa.

Nous laissons là le trompette et les bidets et pénétrons dans le taillis.

Chaque pas nous arrache une exclamation d'admiration pour les poilus qui l'ont conquis hier.

Le bois entier est « en défense »; des tranchées s'ouvrent de tous côtés, sournoises, camouflées dans les branches; les pieds des sapins sont reliés au ras du sol, dans les herbes, par des fils barbelés, qui font trébucher à chaque pas.

Des rouleaux de ronces, à demi dévidés, montrent que nos baïonnettes ont heureusement interrompu le travail.

Comment nos fantassins ne furent-ils pas cent fois arrêtés dans ces meurtriers dédales, sous la mitraille?

C'est splendide!

Partout des macchabées! Mais, aujourd'hui, le cœur est cuirassé; nous les frôlons sans presque y prendre garde.

Cependant, l'un d'eux m'a laissé un affreux souvenir :

Il me semble le voir encore : colosse fauve étendu sur le dos, en travers d'un petit layon, un genou replié, comme s'il venait d'être jeté à terre ; sa main est crispée sur son arme ; ses pupilles d'un dur bleu d'acier, agrandies par la mort, nous suivent, affreusement fixes et haineuses, tandis que la bouche grande ouverte, bestiale, semble prête à vomir une malédiction. Nous n'osons pas l'enjamber.

Un peu plus loin, c'est un chien qui nous fait faire un crochet.

Près d'une cagna démantelée, un joli petit fox surgit, le poil hérissé ; il aboie avec frénésie, magnifique de fureur contre l'uniforme ennemi : sans doute, son maître gît, égorgé, quelque part dans les environs.

Nous arrivons dans une clairière, elle s'étend toute étroite, en un long rectangle qui s'allonge au nord.

On s'y est battu furieusement, car au milieu de blancs trous d'obus qui se touchent, des taches jaunes et bleues marquent des corps.

Nous n'avons pas fait trois pas, que deux coups de feu craquent à la lisière et des balles sifflent aux oreilles.

D'un bond, nous rentrons sous bois, « il y a mauvais ».

Cinquante mètres plus loin, nous tombons sur Sadowa.

C'était une kommandantur, ma foi, assez plaisante.

Elle est fortement casematée et blindée, aux trois quarts enfouie sous terre, mais cependant bien éclairée par une série de baies qui donnent du côté d'où ne venaient pas les obus français, mais où, maintenant, peuvent frapper de plein fouet les projectiles allemands.

Quatre ou cinq chambres s'ouvrent sur

le couloir, elles sont lambrissées et parquetées; dans l'une, un vase fait avec un caffût de 75 peint et doré, contient encore des fleurs fraîches; des cartes postales pornographiques sont épinglées au mur; dans une autre, on a réuni quelques habitants « décédés » en attendant de les enfouir et du sang suinte sous la porte.

La dernière pièce est un véritable salon; elle est relativement spacieuse, tendue d'étoffe, meublée avec goût d'objets volés sans doute aux environs.

En entrant, on peut encore lire le nom de l'officier parti hier un peu vite, en oubliant ses cantines.

Au mur pend un magnifique portrait de Guillaume, en uhlan, les moustaches retroussées; il semble regarder avec hauteur l'état-major français qui travaille à ses pieds.

Malicieusement, quelqu'un, dans l'angle

du cadre, a placé la photo du « Grand-Père ». Je suis bien persuadé que plus d'un docteur de la grande kultur ne saisirait pas, du premier coup, pourquoi on n'a pas lacéré plutôt l'image de l'impérial assassin.

Le colonel a pris toute chaude la place du kommandant, dans le fauteuil, derrière la table à tapis vert.

Depuis quarante-huit heures, sa brigade s'est couverte de gloire. Aujourd'hui, comme hier, le chef est à son poste, au milieu de ses braves, à portée des balles ennemies. Un vrai chasseur, du reste : visage chiffonné, barbiche en broussaille, yeux très vifs, il parle net, précis et fort d'une voix nasillarde qui sonne comme un coup de trompette. A le voir, on sent la joie du bon travail fait, la pleine maîtrise de soi-même et la volonté de ne pas céder un pouce du terrain gagné.

Pas besoin de nous, paraît-il; nous nous y attendions; cela ne nous empêche pas d'être reçus avec une cordiale et brusque bienveillance.

Par exemple, il a la gourmandise ironique, le colon, car son visage s'égaie, tandis qu'il nous vante la délikatesse avec laquelle le herr kommandant a pourvu à son ordinaire. La goulache était parfaite, paraît-il; quant au singe « pour offizier », c'était un régal.

— Par exemple, conclut-il, il ne faut pas se tromper, il ne faut toucher qu'aux boîtes de ces messieurs, car celles pour poilus du commun, c'est de la... — et le qualificatif n'est pas suspendu, croyez-le!...

En sortant, nous découvrons une batterie de 105; à dix mètres, on ne les distinguerait pas, tant les pièces sont bien camouflées. Nous y pénétrons et malgré le désordre qui montre comme on s'est entre-tué, là aussi, nous sommes frappés du luxe de l'installation.

Chaque servant avait sa couchette avec châlit, paillasse, traversin, sac à viande ; il y a par terre des monceaux de couvertures, des rideaux aux fenêtres, un appareil d'inhalation contre les gaz asphyxiants et sur les étagères... des quantités de boîtes de cigares. Nos poilus les ont d'ailleurs radicalement vidées, entre deux coups de feu et, sans doute, actuellement, ils les grillent à la barbe des ex-propriétaires.

Mais ça pue le Boche à plein nez dans la cagna ! Un parfum rance de chien mouillé, insupportable, que nous connaissons bien.

Cependant, l'heure tourne et il est temps de songer au retour, sinon, gare le patron !

Nous retrouvons la route.

Où sont nos chevaux ?

— Plus loin, nous dit-on, près de la cabane de cantonnier en ruines : là-bas!

Nous avons un cri joyeux. « La Baraque », celle dont les communiqués ont parlé.

A côté, s'ouvre un formidable cratère de craie bouleversée; c'est un gros dépôt de 77 boches, qu'hier nous avons fait sauter pendant l'attaque. A chaque pas, on heurte des obus non éclatés et que l'explosion a semés à l'entour. Ils sont maintenant inoffensifs pour nous.

Nos chevaux sont attachés à un petit sapin en bordure du bois. Tandis que, tout en causant, nous les ressanglons, des 75 se mettent à tirer par-dessus nos têtes. C'est une attaque que l'on prépare.

Une marmite passe et éclate à quelques pas de nous.

— A cheval! dis-je à mon camarade. Ils sont bien rarement isolés, ces oiseaux-là, et nous sommes sous la trajectoire!

Nous sautons en selle ; nous n'avons pas fait vingt foulées de galop, que le sapin auquel étaient liés nos chevaux s'envole à dix pieds en l'air, une marmite dans les racines.

Tandis que nous reprenons, non sans mal, nos chevaux qui dansent, comme fouaillés par la peur, le lieutenant rit aux larmes de l'aventure !

Ça ne l'empêche pas d'apercevoir à temps, et de soulever d'un prompt moulinet de son stick, un fil téléphonique tendu en travers et qui allait me décapiter.

Nous passons à côté des batteries, elles tirent à toute vitesse ; le lieutenant voudrait bien s'arrêter, mais les émotions du jour me suffisent et j'insiste pour ne point séjourner plus longtemps dans une zone qui promet de devenir rapidement malsaine.

Sans trop de peine, nous franchissons

l'ancienne tranchée boche qui est à cet endroit nivelée ; il n'en est pas de même quand nous abordons les ouvrages français.

Là, les tranchées sont encore intactes et les fils de fer debout. Tandis que nous cherchons des passages et réalisons des prodiges de haute école pour les utiliser, nous apercevons un beau spectacle : le champ de bataille s'étend en pente douce ; au bas, les 75 près desquels nous sommes passés forment un cordon bleuté qui s'éclaire constamment de grandes langues de feu. Tout en haut, une couronne de sapins borde l'horizon. Par instants, sur leur vert sombre, on voit se profiler les silhouettes des fantassins.

Dans l'intervalle dénudé, deux escadrons de chasseurs défilent au grand trot. Quelques marmites éclatent, et le serpent s'allonge et glisse parmi les volutes et gracieux méandres.

Un obus tombe en plein dans un peloton; nous voyons, dans le nuage, un cheval faire panache et s'écraser sur le sol auprès du cavalier, tandis que les autres s'égaillent à l'entour pour se reformer aussitôt. Quelques secondes; le cheval remue la tête, étend les pattes, se relève maladroitement et s'ébroue; comme il s'apprête à rejoindre ses camarades qui filent, le chasseur aussi s'est soudain redressé, comme mû par un ressort; d'un bond, il est en selle et en quelques foulées de galop, il a repris son rang!

UN MERCI

Sur le champ de bataille, au moment de l'assaut victorieux, on nous l'avait dit tué. Aussi, ce fut un véritable bonheur pour nous que d'apprendre qu'il n'était que gravement blessé, et qu'on escomptait son salut.

Bien que ce fût très peu réglementaire, nous ne pûmes nous empêcher d'aller Lui faire dire notre joie, notre fierté d'avoir été sous ses ordres et notre grand désir, si de pareils jours revenaient, de lui obéir encore.

Aussitôt qu'une bonne nuit et d'abondantes ablutions nous eurent bien remis le sang en place, nous gagnâmes l'ambulance où le général était soigné. On avait dû le transporter dans une sape, car, furieux de l'échec sanglant qu'il leur avait infligé, les Boches, par deux fois déjà depuis qu'ils le savaient là, avaient bombardé, avec une pièce à longue portée, le quartier des ambulances, espérant ainsi tirer une vengeance bien digne d'eux, en achevant leur vainqueur blessé.

Étant donnée la gravité de son état, pas une seconde nous ne nous imaginions être admis près de lui. Aussi, grande et joyeuse fut notre surprise, quand le major vint nous dire qu'il voulait absolument nous parler.

Dans l'unique pièce vaguement éclairée par les fenêtres de papier huilé, le général était étendu sur un lit de camp, le visage très amaigri, mais les yeux toujours illuminés de cette flamme qui plaît tant à ceux qui lui obéissent et lui donne une singulière expression de lucidité et de fière volonté.

Sans un mot d'abord, péniblement, il nous tendit la main, puis, d'une voix toute blanche mais bien nette, la douleur scandant étrangement chaque syllabe, il nous dit :

— J'ai tenu à vous voir, parce que je voulais qu'il vous fût dit que, là où vous aviez tiré, mes soldats sont passés sans peine. Ailleurs, ce fut plus dur. Je vous dois beaucoup, j'ai voulu vous voir pour vous remercier. Je ne vous oublierai pas quand j'irai mieux.

En un instant, fatigues, privations, veilles, dangers, tout fut oublié, nous aurions voulu recommencer, tenter mieux encore, avec nos admirables compagnons.

Nous nous sommes retrouvés dehors,

étranglés d'émotion et de fierté, sans avoir pu balbutier un mot...

Des minutes comme celles que nous avons vécues là, on mourrait, je vous le jure, pour les mériter, le sourire aux lèvres et la joie au cœur!

FIN

TABLE DES MATIÈRES

	Pages.
Préface	I
Le canon	1
Le patron	5
Le lieutenant	9
Les poilus	15
Mon tampon	19
Où je fus remis à ma place	25
Acquisition	31
Joli cœur	35
Où il est montré qu'il est plus aisé parfois d'être un héroïque amoureux qu'un héros tout court.	39
Nick Carter	47
Gavroche	53
Un pochard	59
Où il est expliqué, comme quoi, à leur insu, les crapouillots de la 102 provoquèrent de grands émois, faillirent être au communiqué français et durent être au communiqué boche.	65
Encore le capitaine	71
Comment il se vengea	79

A la cloche de bois.	93
Le gendarme est sans pitié.	104
La mort n'est rien.	117
Ames de Français.	123
En batterie.	127
La revue.	139
Première permission.	147
Le camp 4/5.	163
Knock out.	177
Le général nous paie le déjeuner et le digestif.	193
Trois pages de notes de bataille.	217
En promenade.	263
Un merci.	279

PARIS. TYP. PLON-NOURRIT ET Cⁱᵉ, 8, RUE GARANCIÈRE. — 22112.

LIVRES CHOISIS

dans le Catalogue de

LA LIBRAIRIE PLON

8, RUE GARANCIÈRE, PARIS (6e)

1° Collection de la Grande Guerre

a) RÉCITS DE COMBATTANTS

LES DERNIERS JOURS DU FORT DE VAUX   par le Capitaine **HENRY BORDEAUX**
(9 MARS - 7 JUIN 1916)   *(20e mille)*
UN VOLUME IN-16 AVEC 2 CARTES
3 fr. 50

Le fort. — La bataille. — L'étreinte. — La semaine tragique. — Le dénouement.

EN CAMPAGNE   par MARCEL DUPONT
Impressions d'un Officier de légère   (50e édition)   3 fr. 50

Comment j'ai rejoint le front. — Le fantassin boiteux. — La première charge. — La reconnaissance de Courgivault. — L'affaire de Jaulgonne. — Messe basse et salut solennel. — Une visite à Reims. — Nuit tragique dans les tranchées. — Sœur Gabrielle. — Première reconnaissance aérienne. — Nuit de Noël.

AVEC UNE BATTERIE DE 75   par **PAUL LINTIER**
MA PIÈCE   mort au champ d'honneur
Souvenirs d'un canonnier   (28e édition)   3 fr. 50

PRÉFACE D'ED. HARAUCOURT

La mobilisation. — Les marches d'approche. — Le choc. — La retraite. De la Marne à l'Aisne.

IMPRESSIONS DE GUERRE DE PRÊTRES SOLDATS

recueillies par LÉONCE DE GRANDMAISON

(8ᵉ édition) — 3 fr. 50

Batailles et champs de bataille. — Avec les Allemands. — L'année religieuse au front. — Episodes.

CARNET DE ROUTE par JACQUES ROUJON

PRÉFACE DE ROBERT DE FLERS

Illustrations de Carlos Reymond

(6ᵉ édition) — 3 fr. 50

Humes. — En Lorraine. — La bataille de la Marne. — Vingt-deux jours aux tranchées. — Bombardements. — Autour de Noël. — L'affaire de Crouy.

RÉCITS DE COMBATTANTS

La Belgique héroïque et vaillante

recueillis par le Bᵒⁿ C. BUFFIN

(7ᵉ édition) — 3 fr. 50

PRÉFACE DU BARON DE BROQUEVILLE

Cᴇ QU'A VU UN OFFICIER DE CHASSEURS A PIED

par HENRI LIBERMANN

(2 AOUT-28 SEPTEMBRE 1914)

(4ᵉ édition) — 3 fr. 50

PRÉFACE D'EDMOND HARAUCOURT

Dans les Ardennes. — La retraite. — La Marne. — La poursuite. — La bataille sous Reims.

A TIRE D'AILES par R. DE LA FRÉGEOLIÈRE

Carnet de vol d'un aviateur et Souvenirs d'un prisonnier de guerre

(5ᵉ édition) — 3 fr. 50

PRÉFACE DE RENÉ BAZIN

AUX MAINS DE L'ALLEMAGNE

par CH. HENNEBOIS ✠ ✱

(10ᵉ édition)

Journal d'un grand blessé 3 fr. 50

PRÉFACE D'ERNEST DAUDET

Blessé et prisonnier. — L'hôpital mixte de Saint-Mihiel. — Au Lehrerseminar de Montigny-les-Metz. — Les heures pénibles. — A Offenburg in Baden. — Les morts pour la France. — Le merveilleux retour.

ÉTAPES ET COMBATS

par CHRISTIAN MALLET

Souvenirs d'un cavalier devenu fantassin (14ᵉ édition) 3 fr. 50

Le départ de Reims. — Le raid de cavalerie France-Belgique. — La charge de Gilocourt. — Verberie. — Staten. — Nieuport. — A la baïonnette (Loos).

LES VAGABONDS DE LA GLOIRE

par RENÉ MILAN

(12ᵉ édition) 3 fr. 50

Campagne d'un croiseur

(AOUT 1914-MAI 1915)

Le réveil du croiseur. — Les randonnées adriatiques. — **Les croisières ioniennes.**

D'ORAN A ARRAS

par HENRY D'ESTRE

Impressions de guerre d'un officier d'Afrique (8ᵉ édition) 3 fr. 50

Le branle-bas en Algérie. — De la Méditerranée à la Marne. — **La marche en avant.** — Sous Soissons. — Sous Arras. — Devant le Labyrinthe.

:: DARDANELLLES ::   par J. VASSAL
SERBIE ○ SALONIQUE

(4ᵉ édition)

Impressions et Souvenirs de guerre

(AVRIL 1915 - FÉVRIER 1916)

PRÉFACE DU GÉNÉRAL D'AMADE

UN VOLUME
AVEC ILLUSTRATIONS
ET CARTES

3 fr. 50

AVEC MON RÉGIMENT   par ★ ★ ★

De l'Aisne à la Bassée

Par un Chef de peloton

(3ᵉ édition)   3 fr. 50

TRADUIT DE L'ANGLAIS PAR HENRI GAUTHIER-VILLARS

LETTRES D'UN OFFICIER DE CHASSEURS A PIED

par le Capitaine FERDINAND - BELMONT -

(2 AOUT 1914 - 28 DÉCEMBRE 1915)   Un volume. 3 fr. 50

PRÉFACE D'HENRY BORDEAUX

Avant le combat. — Les Vosges. — La Somme. — Les Flandres. — Au repos. — La vallée de la Fecht. — Metzeral. — Le Lingekopf. — Au camp de Corcieux. — Dernière étape. — Epilogue.

CRAPOUILLOTS par PAUL DUVAL-ARNOULD

Notes de campagne   Un volume. 3 fr. 50

Le canon. — Le patron. — Le lieutenant. — Les poilus. — Mon tampon. — Joli-Cœur. — Nick Carter. — Gavroche. — Un pochard. — Le gendarme est sans pitié. — En batterie. — La revue. — Dernière permission. — Notes de bataille. — Un merci.

QUAND ON SE BAT par FRANCOIS DE TESSAN

Les Spécialistes de la victoire   Un volume. 3 fr. 50

La bataille. — Les agents de liaison. — Les mitrailleurs. — Les grenadiers. — Pionniers et sapeurs. — Du crapouillot au 400. — Les oiseaux de chasse. — Reconnaissances, réglages, bombardements. — Des ailes dans la nuit. — Automobilistes. — Fraternité guerrière.

A LA MÊME LIBRAIRIE

Les Derniers Jours du fort de Vaux, par le capitaine Henry Bordeaux. 20ᵉ mille. Un vol. in-16 avec deux cartes. 3 fr. 50

Dixmude. *Un chapitre de l'histoire des fusiliers marins (7 octobre-10 novembre 1914),* par Ch. Le Goffic. 88ᵉ édition. Un volume in-16 avec deux cartes et douze gravures. 3 fr.
(Prix Lasserre 1915.)

En Campagne (1914-1915). *Impressions d'un officier de légère,* par Marcel Dupont. 50ᵉ édition............. 3 fr. 50

Avec une batterie de 75. **Ma Pièce.** Souvenirs d'un canonnier (1914), par Paul Lintier. 25ᵉ édition. Un volume in-16. 3 fr. 50

Trois Tombes, par Henry Bordeaux. 17ᵉ édition.... 3 fr. 50

Lettres d'un officier de chasseurs alpins, par F. Belmont. Préface d'Henry Bordeaux. Un vol. in-16............ 3 fr. 50

Étapes et Combats. *Souvenirs d'un cavalier devenu fantassin (1914-1915),* par Christian Mallet. 14ᵉ édition... 3 fr. 50

Les Vagabonds de la gloire, par René Milan. 12ᵉ édition. Un volume in-16.................................. 3 fr. 50

D'Oran à Arras. *Impressions de guerre d'un officier d'Afrique (1914-1915),* par Henry d'Estre. 8ᵉ édition.... 3 fr. 50

Journal d'un grand blessé. **Aux mains de l'Allemagne,** par Ch. Hennebois. Préface d'E. Daudet. 10ᵉ édition... 3 fr. 50

Impressions de guerre de prêtres soldats, recueillies par Léonce de Grandmaison. 8ᵉ édition. Un volume in-16. 3 fr. 50

La Belgique héroïque et vaillante. **Récits de combattants,** recueillis par le Baron C. Buffin. 8ᵉ édition.......... 3 fr. 50

Carnet de route, par Jacques Roujon. Croquis de Reymond. 5ᵉ édition. Un volume in-16....................... 3 fr. 50

Dardanelles, Serbie, Salonique (avril 1915-janvier 1916), par Joseph Vassal. Un vol. in-16 avec gravures et cartes. 3 fr. 50

A tire d'ailes. *Carnet de vol d'un aviateur et souvenirs d'un prisonnier de guerre,* par R. de La Frégeolière. 5ᵉ édit. 3 fr. 50

Ce qu'a vu un officier de chasseurs à pied, par Libermann. Un volume in-16................................... 3 fr. 50

Les spécialistes de la victoire. **Quand on se bat,** par François de Tessan. Un vol. in-16....................... 3 fr. 50

Une Ambulance de gare. Croquis des premiers jours de guerre (août 1914), par José Roussel-Lépine...... 2 fr. 50

Au Champ d'honneur, par Hugues Le Roux...... 3 fr. 50

Études diplomatiques et historiques. **Pendant la Grande Guerre** (août-décembre 1914), par Gabriel Hanotaux, de l'Académie française. Un volume in-16............ 3 fr. 50

L'Aveu. La Bataille de Verdun et l'opinion allemande, par Louis Madelin. Une forte brochure in-8°, avec documents inédits et fac-similés................................. 1 fr. 50

La Victoire de la Marne, par Louis Madelin. Une brochure avec deux cartes.................................. 2 fr.

La Bataille de la Marne *(6-12 septembre 1914),* par Gustave Babin. 10ᵉ édition. Un vol. in-16 avec neuf cartes. 2 fr.

PARIS. TYP. PLON-NOURRIT ET Cⁱᵉ, 8, RUE GARANCIÈRE. — 22112.

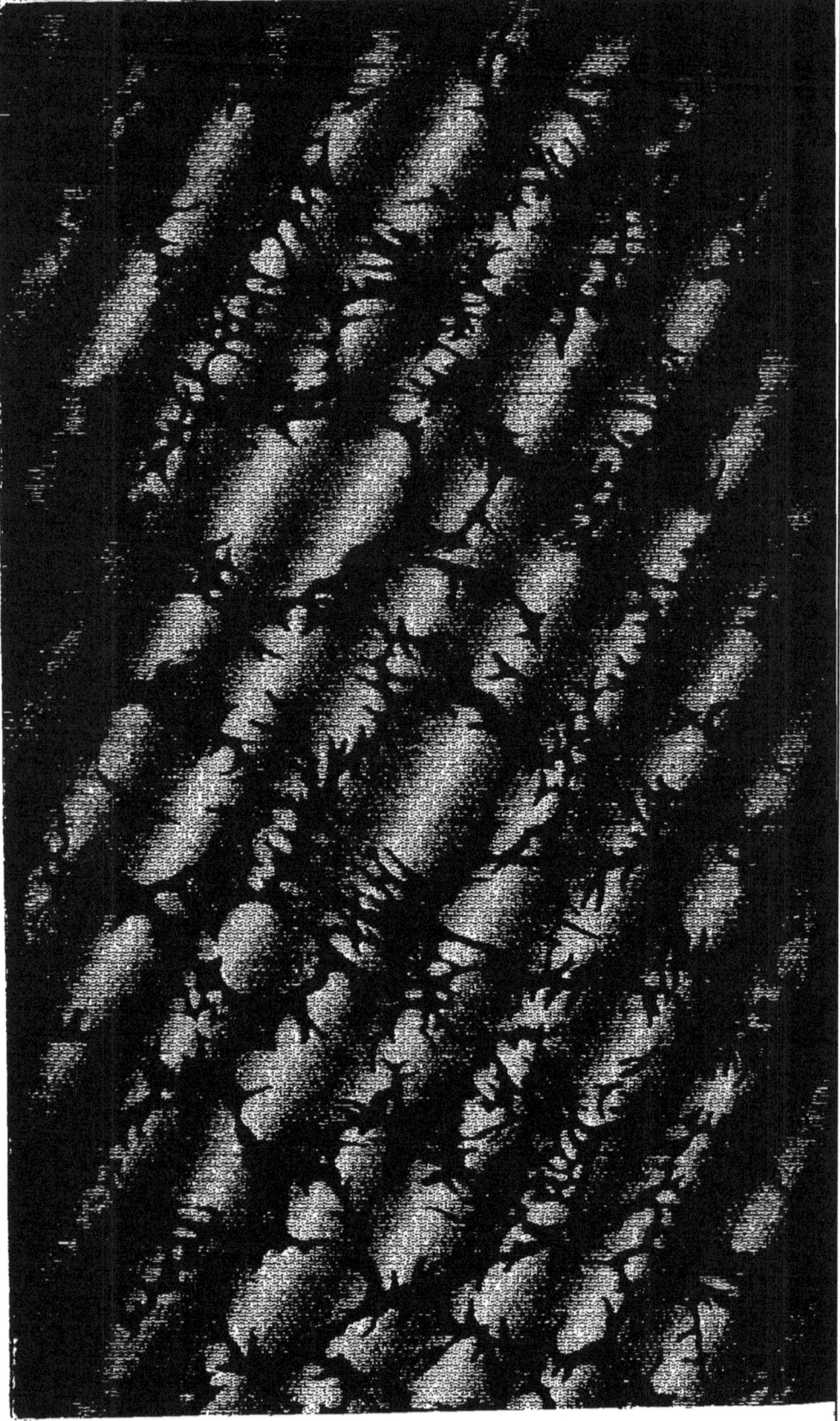

www.ingramcontent.com/pod-product-compliance
Lightning Source LLC
Chambersburg PA
CBHW070623160426
43194CB00009B/1351